■ 本书为2022年度浙江省哲学社会科学规划后期资助课题

高职院校的课程管理：权变的实践（22HQZZ51YB）

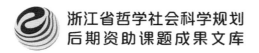

浙江省哲学社会科学规划
后期资助课题成果文库

高职院校的课程管理

浙江的实践

金忍冬 著

ZHEJIANG UNIVERSITY PRESS
浙江大学出版社
·杭州·

图书在版编目(CIP)数据

高职院校的课程管理:浙江的实践 / 金忍冬著. —
杭州 : 浙江大学出版社, 2023.12
ISBN 978-7-308-24626-2

Ⅰ.①高… Ⅱ.①金… Ⅲ.①高等职业教育—课程建
设—研究 Ⅳ.①G718.5

中国国家版本馆 CIP 数据核字(2024)第 007934 号

高职院校的课程管理:浙江的实践

金忍冬 著

责任编辑	诸葛勤	
责任校对	黄 墨	
封面设计	周 灵	
出版发行	浙江大学出版社	
	(杭州市天目山路 148 号 邮政编码 310007)	
	(网址:http://www.zjupress.com)	
排 版	浙江大千时代文化传媒有限公司	
印 刷	广东虎彩云印刷有限公司绍兴分公司	
开 本	710mm×1000mm 1/16	
印 张	12	
字 数	185 千	
版 印 次	2023 年 12 月第 1 版 2023 年 12 月第 1 次印刷	
书 号	ISBN 978-7-308-24626-2	
定 价	68.00 元	

目 录

表目录

图目录

第一章 绪 论

党的十九届五中全会确定了建设高质量教育体系的战略安排，并明确了增强职业技术教育适应性的教育体系建设路径。《中共中央关于制定国民经济和社会发展第十四个五年规划和 2035 年远景目标的建议》（"第十四个五年规划"和"2035 年远景目标"分别简称为"'十四五'规划"和"远景目标"）的发布，开启了高等职业（简称为"高职"）教育适应性建设的新阶段。高职教育适应性建设的核心是满足两大需求：一是人民对"高水平"国民教育的迫切需求；二是我国经济发展动能转换对社会人力资源开发的紧迫需求。然而，供需之间存在结构性矛盾，我国高职教育水平有待提高。

高职教育水平与社会发展需求之间的矛盾是一个长期存在的问题，也是推动高职教育发展的动力之一。对高职教育水平的需求在某种程度上也反映了对高职院校课程管理的需求。高职课程作为实现高职教育目标的主要手段和途径，成为制约高职教育质量的首要因素。通过对课程的管理，教学内容和过程可以转化为实践人才培养的教学体系。通过"提质培优"的课程活动，高职院校课程管理实践的功能得到优化，得以进一步实现教育目标。

那么，我国高职院校的课程管理实践情况如何呢？我们是否可以通过关注"高水平"课程管理的实践案例，借鉴其实践经验和成功经验，来优化未来的管理工作呢？是否可以通过一种"人人参与探讨"的方式，从多个角度，全面系统地展示这些"高水平"案例的实践目标和理论内涵呢？

第一节　高职院校的课程管理实践迷雾

1．一线工作者的思考与困惑

本研究缘起于我作为一名高职院校一线工作者对高职适应性建设的思考以及面向"'十四五'规划"和"远景目标"的适应性建设所面临的困惑。以下是我所关注的问题：

面向适应性建设的课程管理需要满足哪些需求？这些需求作为管理实践的外部环境，是否存在一定的演变规律？能否对这些规律进行预判？

我们目前在进行怎样的课程管理工作？

在这些课程管理实践中，有哪些是助力高职教育适应性建设的成功经验？为什么这些实践能够取得成功？

这些成功经验与课程管理环境的变化有何关联？

面向"'十四五'规划"和"远景目标"的高职课程管理需要提供哪些成功经验，以便高职院校及其校长和教师能够清晰地理解、操作并且容易上手？

通过对以上问题的研究，本书希望能够得出有价值的结论，为高职教育的适应性建设提供实践指导和建议。

2．解惑答疑的旨趣与途径

这些思考和困惑促使我开始进行高职院校课程管理的研究。原因有两方面：首先，高职院校的课程管理问题在高职教育适应性建设中十分突出，并且急需解决。它是供需结构性矛盾显现的核心问题之一。其次，我在高职课程管理方面拥有丰富的实践经验和知识。相对于其他研究领域，我更倾向于聚焦自己更为熟悉的课程管理领域。

在确定研究问题和对象之后，我认识到，自己更希望这项研究能够促进高职教育适应性建设方面已取得的成果在高职教育一线实践中得到进一步巩固。具体而言，我希望通过总结已有成果中的成功经验，获得一些适用于高职院校课程管理的普遍规律或模式，使其能够为高职院校及其校长和教师所用。这一选题不仅与我的个人经历密切相关,也符合我个人的兴趣。我希望能够与对我国高职院校课程管理感到困惑并有相似愿景的相关从业者和研究者一起探讨,并为该领域的发展做出贡献。

3. 开展研究的意义

基于权变理论,本研究将以对高职教育需求的演变为视角,以课程管理为研究对象,探讨研究视域内的高职课程管理实践活动,这具有实践和理论意义。

(1)基于人民教育需求的变化助力高职教育结构的质量建设

人们对高职教育结构质量的需求不断提高——从对"有学上"的需求演变为对"上好学"的需求。随着社会经济的发展和科学技术的进步,人们需要的高职教育资源不仅应是高水平的,还应是个性化和多样化的。在我国,当社会主要矛盾为总量矛盾,即高等教育资源有限,无法实现"人人有学上"时,扩大规模是至关重要的任务。然而,随着我国的高等教育实现了大众化,主要矛盾转变为教育资源的结构性矛盾,即高等教育发展不平衡、不充分与人民都想要"上好学"的矛盾。

首先,高职教育的不断扩大对我国实现高等教育大众化发挥了重要作用。我国将高等教育的毛入学率达到 15%[①]作为高等教育精英化和大众化阶段的临界点,15% 至 50% 则被认为是进入了高等教育大众化阶段。根据 2021 年 3 月 2 日的教育统计数据,2020 年我国各类高等教育在学总人数达到 4183 万人,高等教育的毛入学率达到 54.4%[②]。其中,高职招生人数为 483 万人,占普通本专科的 52.9%。在 2020 年 5 月 22 日的第十三届全国

---

① 根据马丁·特罗教授的大众化理论,精英化高等教育、大众化高等教育、普及化高等教育的划分为毛入学率 5%、15% 和 50%。但这个划分标准没有任何数学工具的支撑,或者说没有统计学上的意义。它是特罗教授的一种想象和推断,是一种根据事实而进行的逻辑判断,是根据其从事高等教育的经验对当时世界高等教育发展形势的一种判断。这些数字并不是一个非常重要的因素,5%、15% 和 50% 并不是一个固定的区别标准,它们并不代表一个点,而是代表一个区间。同样可以认为,6%、7% 属于精英教育阶段,也可以对大众化 15%—50% 的标准进行新的划分(邬大光,2003;方展画,2003)。

② 自 1999 年全国教育工作会议提出"大力发展高等职业教育"以来,2007 年全国高职招生人数达到 284 万人,相较于 1998 年增长了 6 倍。1989 年至 1998 年,我国高等教育规模增长几乎停滞不前,但自 1999 年开始,高等教育得到了蓬勃发展和迅速扩张。到 2002 年,高等教育的毛入学率已经达到 15%。

人民代表大会第三次会议上，时任国务院总理李克强(2020)在《政府工作报告》中提出，在两年内将扩大高职院校的招生规模，增加 200 万人。而根据 2020 年 12 月 8 日教育部(2020)召开的教育收官系列新闻发布会上的介绍，截至当时，全国共有 1.15 万所职业院校，在校学生达到 2857 万人，这些院校累计培养高等学历继续教育本专科毕业生 5452 万人，其开展的社区教育培训参与人次约为 3.2 亿。

其次，高等教育作为居民储蓄的主要消费方向，对于充分发挥我国超大规模市场优势和内需潜力，构建国内国际双循环相互促进的新发展格局具有重要意义。由于多种因素的影响，我国正从出口导向型国家转向内需拉动型国家，以规避国际金融风险，保障经济增长。2007 年，我国 GDP 总量为 27 万亿元人民币，出口额为 9 万亿元人民币，进口额为 5 万亿元人民币。出口在 GDP 中所占比例超过 30%，顺差占 GDP 的 11.3%。然而，在 2018 年，我国 GDP 总量增至 82 万亿元人民币，出口额为 15 万亿元人民币，进口额为 13 万亿元人民币。出口在 GDP 中所占比例下降至约 15%，顺差占出口的比重由 11.3%下降至 1.3%。在满足人民对高等教育消费需求的同时，高职教育也拉动了内需，推进了以国内大循环为主体的双循环战略。

(2)促进我国经济发展动能转换，优化人力资源的开发工作

高职教育正处于发展的新阶段，高素质技术技能人才的供需存在着亟待解决的结构性矛盾。要通过课程管理改革来实现高职教育生成发展的新理念和新格局，促进我国经济发展动能转换。

目前我国存在着高职教育发展不平衡、不充分的问题，也存在一些人力资源开发难的问题。尽管各级各类职业院校每年培养约 1000 万名毕业生，其中超过 70%的一线新增从业人员来自职业院校，专业涉及现代制造业、战略性新兴产业和现代服务业等领域(教育部，2020)。然而，在我国的 2 亿多名技能劳动者中，高技能人才仅占 5000 多万人(国务院新闻办，2020)。

我国的经济调整引发的供给侧结构性改革使得高职教育面临同步调整的问题。在产业结构的调整中，我国经济发展从过去主要依靠传统制造

业、建筑业和房地产业转变为主要依靠战略性新兴产业、服务业和现代制造业等。原有的经济增长主要依赖成本优势,随着成本优势的消失,作为替代的技术优势的形成需要一个过程。

生态文明改革也对高职教育产生影响。生态文明改革引发社会经济发展动能变革。党的十九大提出了包括经济、政治、文化、社会和生态在内的五大改革,这些改革为经济发展提供了新的环境。传统的以牺牲环境为代价的经济发展方式已经转变为与环境保护相协调的方式。教育作为社会的一个子系统,受到政治、经济、文化、人口和生态等其他子系统的影响。随着我国经济发展方式的转变,教育事业也应进行相应调整,以发挥教育的派生功能,与经济调整相协同,促进经济发展。

"'十四五'规划"和"远景目标"强调加强创新型、应用型和技能型人才培养,壮大高水平工程师和高技能人才队伍,实施知识更新工程和技能提升行动。推进我国由制造大国向制造强国转变,由中国制造向中国创造转变,推动产业升级和经济高质量发展,必然需要培养数以亿计的高素质技术技能人才,提升人力资本质量(人民网,2021)。而高职毕业生是这些人才的主要来源。因此,2021年作为"'十四五'规划"的开局之年,明确了"建设高质量教育体系"的政策导向,加大人力资本投入、提升职业技术教育的适应性成为重要要求。

(3)借助权变理论推动对高职课程管理实践范式的梳理

要助力提高对高职院校课程管理的研究关注度。通过比较和分析关于"课程""高职""'高职'和'课程'",以及"'高职'和'课程管理'"的研究体量,发现在"课程"或者"高职"的研究领域中,对于"课程管理"的研究关注相对较少。以"课程"为关键词在 CNKI 数据库进行主题搜索,共得到了267.38 万篇文献;以"高职"为关键词进行搜索,共得到了 56.18 万篇文献;以"高职"和"课程"为关键词进行搜索,共得到了 19.93 万篇文献;而以"高职"和"课程管理"为关键词进行搜索,仅得到了 4773 篇文献①。

要摆脱对类别教育课程管理的误区。高职院校的课程管理需要独特

---

① 查询时间为 2021 年 3 月 13 日。

的管理理念和模式，避免将普通学校的教育规律、管理思想和管理理论直接应用于高职教育的课程实践。对高职院校的课程管理的误区使得管理工作停滞在模仿或改良普通教育课程管理的阶段，无法充分发挥其独特的优势，也限制了课程管理的科学性和针对性的完善与创新。

要推动从管理经验到理论认知的过渡。高职院校课程管理理论和思想仍处于初级阶段，长期以来，高职院校的课程管理实践屡见不鲜，但却面临着难以将实践提升为理论的困境。与普通学校以学科知识为主线的课程管理不同，高职教育具有显著的实践性，其实践内容丰富多样。课程管理需要考虑课程的异质性，通用的"万能经验"并不存在。不同的教育环境、教育主体、教育对象和教育目标伴生不同的课程活动形式，产生许多独特的课程管理实践经验和模式。这些实践经验无法直接复制和推广，而是需要课程管理理论的指导。

第二节　世界高职院校的课程管理研究图景

本节梳理世界高等职业教育课程管理研究，包括起源、发展和现状。重点关注国内研究，包括对高等职业教育课程相关的研究和对课程管理的精确研究[①]。

1. 国外研究概况

（1）高职院校的课程管理研究比高职院校的课程研究体量小

首先，我们梳理世界高职院校的课程管理研究体量。设置关键词为"vocational college"（高职院校）和"curriculum management or leadership"

[①] 一是使用 CiteSpace 工具开展综述。CiteSpace 是一种可视化分析软件，通过可视化的手段来呈现科学知识的结构、规律和分布情况，其生成的可视化图形称为"科学知识图谱"。二是研究世界文献数据库时使用 Web of Science（以下简称为 WOS），研究国内文献数据库时使用CNKI。WOS 是全球最大、覆盖学科最广的综合性学术信息资源库，CNKI 是国内最大、覆盖学科最广的综合性学术信息资源库。三是本节查询时间都截至 2021 年 3 月 16 日。四是每次查询后对所获得的文献进行人工处理，去除不符合本研究意义的通知等材料。

（课程管理或领导）①，所有条件之间的逻辑运算符为"AND"，不设时间阈值，采用"主题"方式进行广度查询，获得论文 207 篇。接着采用"论文标题"方式进行深度查询，获得论文 30 篇。尽管研究时间跨度长达 27 年，但研究体量相对较小。绘制 207 篇论文的发表年份分布图（图 1-1）。

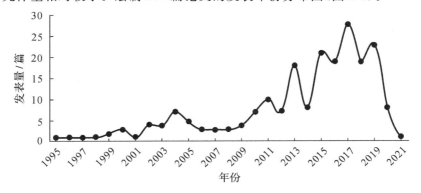

图 1-1　WOS 标题查询论文发表年份分布

其次，我们梳理世界高职院校的课程研究体量。设置关键词为"vocational college"（高职院校）和"curriculum"（课程），所有条件之间的逻辑运算符为"AND"，不设时间阈值，采用"主题"方式进行广度查询，获得论文 905 篇。据此绘制论文发表年份分布图（图 1-2）。

（2）研究起源和影响力概况

在世界高职院校的课程管理研究中，最早的文献可以追溯到 1931 年 6 月②，沃森（Watson，G.）在《心理卫生》③杂志上发表文章《心理咨询师的培养要求》④。此后，直到 1987 年，平克顿（Pinkerton，R. S.）等才在《医院和

①　此处，设置"vocational college"作为主题关键词，其实并未收录"vocational college"作为"higher vocational education"所表达的文献。由于在高职院校课程管理研究实践中，广大研究者对于同一概念的表达有所区别，而数据库的搜索算法对这些不同的表达不兼容，因此会出现这种现象。本研究旨在通过统一标准，搜索符合研究目的和研究意义的文献，因此并没有穷尽所有可能对本研究有意义的文献。

②　在 WOS 中以主题关键词"vocational college"（高职院校）和"curriculum management or leadership"（课程管理或领导）进行检索，即可搜索出该篇文献。

③　*Mental Hygiene*.

④　"The Demand for Psychological Counselors in Education".

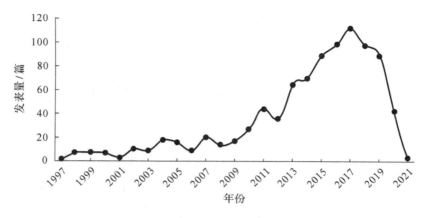

图 1-2　WOS 主题查询论文发表年份分布

社区精神病学》[①]杂志上发表论文《学校精神健康服务的多学科培训》[②]。

　　于 2010 年发表在《教学与教师教育》[③]杂志上的伦哈尔（Runhaar，P.）等人的论文《激发教师反思和提问反馈：自我效能、学习目标导向和变革型领导的相互作用》[④]，是最具影响力的文献之一，至今已被引用 106 次[⑤]。该研究基于对荷兰 456 名高等职业教师的调查，探讨了教师培训的话题，对高职教师培训相关领域的研究产生了广泛影响。

　　在世界高职院校的课程研究中[⑥]，最早的论文是由塞拉维安（Seravian，S.）于 1969 年在《材料评估》[⑦]杂志上发表的《无损探伤培训评估应面向现在和未来》[⑧]。随后，坎特维尔（Cantwell，J. L.）于 1970 年在《美国职业治疗：美国职业治疗学会官方出版物》[⑨]杂志上发表了《社区学院：职业治疗教

---

①　*Hospital and Community Psychiatry*.

②　"Multidisciplinary Training in the College Mental-Health-Service".

③　*Teaching and Teacher Education*.

④　"Stimulating Teachers' Reflection and Feedback Asking：An Interplay of Self-efficacy，Learning Goal Orientation，and Transformational Leadership".

⑤　截至 2021 年 3 月 16 日。

⑥　在 WOS 中以主题关键词 "vocational college"（高职院校）和 "curriculum"（课程）进行检索。

⑦　*Materials Evaluation*.

⑧　"An Assessment of Education in Nondestructive Testing—Present Status and Future Needs".

⑨　*The American Journal of Occupational Therapy：Official Publication of the American Occupational Therapy Association*.

育的挑战》[①]。第三篇被刊发的论文是由南氏（Nanjundaswamy，N.）于1973年在《印度护理杂志》[②]上发表的《面向中学毕业生的大专职业课程》[③]。

在所有发表的论文中，被引用次数超过 100 次的论文仅有 2 篇。一篇是布鲁内罗（Brunello，G.）等于 2007 年 10 月在第 44 届经济政策学术会议[④]上发表的《学校记录影响机会均等吗？基于新的国际证据》[⑤]，被引用163 次，该文关注家庭背景、中学成绩与人力资本积累之间的关系。另一篇是戈耶特（Goyette，K. A.）等人于 2006 年在第 97 届美国社会学年会上发表的《是谁在学艺术和科学？社会背景和本科专业的选择与后果》[⑥]，被引用 121 次，该文关注普通本科和高职的生源问题。

（3）研究的发展时期

根据图 1-1 和图 1-2，高职院校课程管理研究经历了萌芽期、震荡发展期、备受关注期和发展瓶颈期。

首先是萌芽期。虽然对高职院校课程管理的研究始于 1931 年，但直至 20 世纪 90 年代，年度论文发表总量都处于较为平稳的状态。这主要与当时的社会情况和经济发展相关。其次是震荡发展期。从二战后至 70 年代初期，各个国家及地区的教育都处于恢复和发展阶段，高职教育也不例外。然而，在 70 年代到 80 年代，中东石油危机引发的经济危机在资本主义世界范围内蔓延，导致世界教育普遍受到影响。再次是备受关注期。直至90 年代初，世界经济进入高速发展阶段，90 年代中后期以来，新时代的特征如知识经济、网络时代和学习化社会等逐渐显现，高职教育也相应得以发展。随着世纪之交的到来，由工业社会向信息社会转变，技术发展速度不断加快，技术岗位不断涌现，高新技术岗位增加，第三产业比重持续上升。这使得对高职院校课程管理改革的关注度日益增加，相关研究需求也

---

① "The Community-junior College: Challenges to Occupational Therapy Education".
② *The Nursing Journal of India*.
③ "Post-matric Vocational Courses in Junior Colleges".
④ The 44th Economic Policy Panel Meeting.
⑤ "Does School Tracking Affect Equality of Opportunity? New International Evidence".
⑥ "Who Studies the Arts and Sciences? Social Background and the Choice and Consequences of Undergraduate Field of Study".

变得更加迫切。在这一时期,论文发表量一直增长,直至 2017 年达到峰值。最后是发展瓶颈期。根据两张论文发表年份分布图,在 2017 年峰值之后,年度发表量开始出现下降的趋势,这表明高职院校课程管理研究进入了一个发展瓶颈期。

(4)可视化分析

选择基于 WOS 核心合集库的 620 篇[①]文献材料绘制文献来源国家(地区)分布的知识图谱(图 1-3),在图中,每个节点代表一个国家(地区)[②]。可以看出,中国论文发表量居首位,是高职院校课程管理研究的重要国家,美国居第二。英国、澳大利亚和马来西亚的发表量也超过了 10 篇[③]。论文的数量与教育规模呈正相关。中国高职教育规模较大,截至 2020 年 12 月 8 日,全国共有 1.15 万所职业院校,在校学生总数达到 2857 万人。仅在 2020 年,高职院校的招生人数就达到 483 万人,而在 2021 年,高职院校继续扩招。根据 2020 年《政府工作报告》的要求,高职院校还要扩招 200 万人(教育部,2021)。与此同时,发表量排名第二的美国教育规模跟中国相差悬殊——截至 2019 年,美国社区大学的在校学生数仅为 500 万人左右(Duffin,2023)。

绘制作者共现[④]知识图谱(图 1-4),每个节点代表一位论文作者[⑤]。从图中可以看出,并没有出现明显的高产论文作者。虽然存在一些作者之间

[①] 调整关键词为"vocational college"(高职院校)和"curriculum"(课程),不设时间阈值进行文献梳理。以"主题"方式开展广度查询,共得到 905 篇文献。其中,核心合集库的文献为 620 篇。

[②] 节点的大小反映了该国家(地区)的论文发表量多少。

[③] 论文发表量排名前十的国家(地区):CHINA(中国),424 篇;USA(美国),49 篇;ENGLAND(英国),20 篇;AUSTRALIA(澳大利亚)、MALAYSIA(马来西亚),15 篇;SOUTH AFRICA(南非),12 篇;NETHERLANDS(荷兰),8 篇;GERMANY(德国)、KOREA(韩国),5 篇;CANADA(加拿大)、AUSTRIA(奥地利)、FINLAND(芬兰)、THAILAND(泰国),4 篇。

[④] "共现"指文献的特征项描述的信息共同出现的现象。这里的特征项包括文献的外部和内部特征,如题名、作者、关键词等。而"共现分析"是对共现现象的定量研究,以揭示信息的内容关联和特征项所隐含的知识。共现分析有很多种,常见的共现分析包括:文献耦合分析、文献同被引分析、共词分析、作者同被引分析、共链分析、网络共词分析、作者同被引分析。本研究主要采用共现分析中的共词分析方法。共词分析关注词汇和短语在文献中的共同出现情况,以确定文献集中各个关键词之间的关系。某个关键词或短语在同一篇文献中出现的次数越多,表示这两个关键词之间的关系越密切。通过统计一组文献中关键词两两之间在同一篇文献中出现的频率,可以构建共词网络,其中节点的远近反映了主题内容的相关程度。

[⑤] 节点的大小表示其发表的文献数量多少,节点之间的距离反映了作者之间的合作情况。

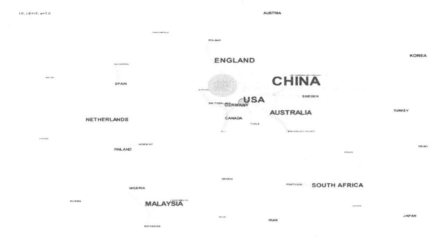

图 1-3　WOS 中相关文献国家(地区)分布知识图谱

图 1-4　WOS 中相关文献作者共现知识图谱

的合作关系,但并不显著。作者团队之间没有明显的合作情况。

　　根据论文发表量排名,前三位的作者分别是 SHANG M(6 篇)、WANG J(5 篇)、CAI YUHUA(4 篇),均为中国作者。有 34 名作者论文发

11

表数量超过 2 篇,其中 20 位是中国作者[①]。这些文章主要属于教育相关主题的国际会议论文,时间跨度长。这表明以中国作者为首的国际高职院校课程管理研究团队正在逐渐形成。

绘相关文献研究机构共现知识图谱(图 1-5),显示论文发表量排名前三的机构分别是重庆电子工程职业学院、邯郸职业技术学院和加州大学系统(University of California system)。各个研究机构之间的合作关系较为松散,尚未形成明显的聚类。这印证了该领域文献被引次数较少、影响力相对较弱的观点。

图 1-5　WOS 中相关文献研究机构共现知识图谱

---

① 相关文献作者情况为:MIAO SHANG,5 篇;ADNAN AHMAD,GUOPENG ZHAO,AHMAD NABIL MD NASIR、DAVID L PARKER、BINGBING SHI、BING LUO、CAMILLA KOSKINEN,3 篇;DOUG GARDNER、R CRABTREE、JOKE M VOOGT、APRIL SUTTON、TUULIKKI SJOGREN、CAIXIA LIAO、JITAO DU、MARIA KAARIAINEN、TERHI SAARANEN、XINLIN HE、R EVE、LAIQUAN LIU、ASNUL DAHAR MINGHAT、TIENCHI HUANG、JINYUE GAO、XIAOJING REN、YONGLIANG ZHANG、YING LI、GONG CHEN、CAIXIA GUO、NABEEL M ALBASHIRY、QIANG YAO、XIAODONG ZHU、CHUNDI LIU、XIA LEI、YANDONG WEN,2 篇。

2. 国内研究概况

（1）不同主题关键词的对比分析

开展关键词分组分析：①"高职"和"课程管理"；②"高职"和"课程领导"；③"高职"和"课程"。

第一，主题关键词为"高职"和"课程管理"。

以"高职"和"课程管理"作为主题关键词进行检索，共获论文 4758 篇[①]。以此绘制论文发表年份分布图（图1-6）。

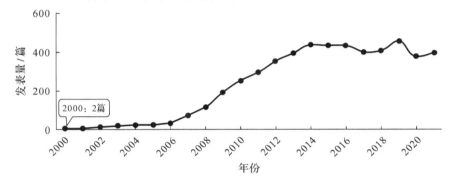

图 1-6　CNKI"课程管理"关键词主题查询论文发表年份分布

在研究源起的 2000 年，姜文宏（2000）在《丹东师专学报》上发表了探索专业课程体系的构建实践的论文，李斯伟等（2000）在《中国民航学院学报》上发表了关于专业课程设置和课程模式构建的论文。这些研究是对高职院校课程管理领域的早期探索。

在研究影响力方面，被引次数最多的论文是吕红（2009）发表的关于国外职业教育课程质量保障的博士学位论文，已被引用 115 次，是唯一一篇被引用次数超过 100 次的论文。排名第二的是谭强（2016）发表的关于中高职课程衔接的博士学位论文，已被引用 82 次。这些论文在高职院校课程管理领域具有较高的研究影响力。

系统研究国外职业教育课程质量保障实践和剖析课程管理实践经验

---

① CNKI 总库共有 4758 篇文献符合条件且具有研究意义。其中，3739 篇为学术期刊论文，117 篇为学位论文，35 篇为会议论文，6 篇为报纸社论。

是提高我国高职院校课程管理水平的重要途径,也是学习成功经验和总结失败教训的重要手段。中高职课程衔接研究是中高职衔接和我国职业教育改革的重要内容,同时也是我国的创新技能人才培养模式之一。这些研究基于人才成长规律,面向经济、社会和行业发展对高技能人才的迫切需求,旨在提高高职人才培养的质量。由于具有问题导向性、系统性和专业性,这些研究已成为最具影响力的研究成果之一。

"课程管理"这个概念在高职院校课程管理研究中主要停留在学术探究阶段。然而,大多数课程管理的实践者并未意识到自己对于课程管理的理论和实践的反思是关于"课程管理"研究的重要组成部分。因此,需要进一步加强理论与实践的结合,促使课程管理研究在高职院校的实践中得到更广泛的应用。

第二,主题关键词为"高职"和"课程领导"。

以"高职"和"课程领导"作为主题关键词进行检索,共获论文 25 篇。以此绘制论文发表年份分布图(图 1-7)。

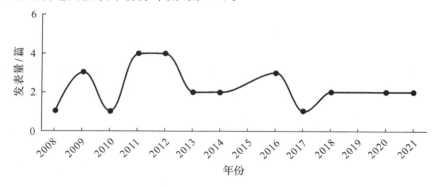

图 1-7　CNKI"课程领导"关键词主题查询论文发表年份分布

研究表明,关于高职课程领导的研究始于 2008 年,当时《教育与职业》杂志发表了陈雁(2008)的论文,对高职院校的课程管理进行了理论梳理。随后,在 2009 年又有 3 篇相关论文发表,其中包括在《广东技术师范学院学报》和《浙江师范大学学报(社会科学版)》两所师范高校学术刊物上发表的论文(黄静潇等,2009;杨洁,2009),以及一篇来自陕西师范大学的硕士学位论文(张瑜,2009),这些论文记录了对课程领导的实践探索和反思。

其中,被引用次数最多的是一篇于 2010 年发表的华东师范大学的硕士学位论文(张爱芹,2010)。该论文从主体性视角进行了系统研究,探讨了高职院校课程管理的问题。然而,多年来,最多的引用次数仅为 19 次。其他论文要么没有被引用,要么引用次数不足 10 次。由此可见,"课程领导"这个概念在我国的引入时间相对较短,且相对于国外,其在我国的传播、接受和应用并不广泛。因此,本书选择以"课程管理"作为关键词,开展面向本土的研究。

第三,主题关键词为"高职"和"课程"。

为了扩大查询范围,我们使用关键词"高职"和"课程"进行广度查询。结果显示共有 19.89 万篇论文符合条件。与进行精确查询获得的 4758 篇论文和 25 篇论文相比,数量差异巨大。以此绘制论文发表年份分布图(图1-8)。

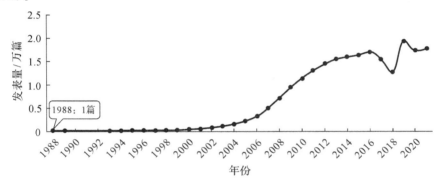

图 1-8　CNKI"课程"关键词主题查询论文发表年份分布

根据论文发表详情,最早的入库文献发表于 1988 年,对全国职业大学思想教育协作会议进行了简述(陈蓉,1988)。次年,《成人教育》杂志发表了关于专业设置和教学计划制订的理论研究(沈祖义等,1989)。随后直到1993 年开始,每年才会发表少量的相关论文。1999 年,共有 128 篇论文发表,年度发表量开始超过百篇。到了 2004 年,当年共计发表论文 1271 篇,年度发表量开始超过千篇。2010 年,当年共计发表论文 11289 篇,年度发表量开始超过万篇。

在这些文献中,最有影响力的是 2013 年出版的教材《管理学原理》(马仁杰等,2013)。迄今为止,该教材已被引用 709 次,这显示出高职院校的课程管理研究正处于初级阶段,对于获取基于管理学知识的资源,首先依赖于高校教材。影响力第二的是中华人民共和国教育部职业技术教育中心研究所学者姜大源(2010)在《徐州建筑职业技术学院学报》上发表的关于课程开发的论文,该论文已被引用 438 次。这表明官方机构的指导受到广大研究者的关注和认可。影响力第三的是高职校长于 2008 年在《高等教育研究》杂志上发表的关于推进校企合作和工学结合的论文(丁金昌等,2008)[1],该论文已被引用 399 次。这显示从事管理实践的学者的研究更能引起广大研究者的共鸣。

华东师范大学的论文引用次数排名也靠前。谢俊华(2013)的论文聚焦现代学徒制,已被引用 391 次;徐国庆和石伟平(2012)的论文关注中高职衔接,已被引用 328 次;金华职业技术学院王振洪[2]等(2012)关于现代学徒制的论文已被引用 339 次;河北科技师范学院王玉扩等(2005)聚焦于体育课程的论文已被引用 333 次;浙江大学徐理勤和顾建民(2007)的论文关注应用型本科人才培养,已被引用 327 次,等等。

可见,大多数课程管理理论和实践研究者并未意识到他们自身关于课程活动的反思和经验研判是管理思想和活动的一种体现。在高职教育领域的研究者中,他们更加关注与课程论和教学论相关的专业知识。此外,在研究者的身份方面,除了教育部和本科课程研究专家教授之外,还有参与"中国特色高水平高职学校和专业建设计划"(简称"双高计划")[3]的高职学校校长也具有很大的影响力。他们不仅是学术先锋,也是改革的先锋,乐于分享管理实践的成功经验,是推动中国特色高水平高职建设的重要力量。

---

① 丁金昌曾担任温州职业技术学院(以下简称为"温职")院长和浙江机电职业技术学院(以下简称为"机电")院长。

② 王振洪为金华职业技术学院党委书记。

③ 中国特色高水平高职学校和专业建设计划是指中国共产党中央委员会和中华人民共和国国务院为建设一批引领改革、支撑发展、中国特色、世界水平的高等职业学校和骨干专业(群)的重大决策建设工程,亦是推进中国教育现代化的重要决策,被称为"高职双一流"。"双高计划"旨在打造技术技能人才培养高地和技术技能创新服务平台,引领职业教育服务国家战略、融入区域发展、促进产业升级。参见《教育部 财政部关于公布中国特色高水平高职学校和专业建设计划建设单位名单的通知》(教职成函〔2019〕14 号):http://www.moe.gov.cn/srcsite/A07/moe_737/s3876_qt/201912/t20191213_411947.html。

（2）主题关键词为"高职"和"课程管理"的可视化分析

使用关键词"高职"和"课程管理"进行检索，作者对收集到的 4758 篇论文进行了整理和分析（表 1-1）。从表中可以看出，每位作者的总发表量并不多，其中张爱芹是发表量最多的作者，共发表了 12 篇论文。这些学者从 2001 年开始关注该领域，但是关注度在 2008 年后才明显提升。

表 1-1　CNKI 文献相关作者发表数量

序号	发表总量/篇	最早发表年份	作者
1	12	2008	张爱芹
2	7	2009	李娟
3	5	2001	徐国庆
4	5	2017	李颖
5	4	2011	刘轶宏
6	4	2015	崔媛
7	4	2004	张艳
8	4	2010	彭后生
9	4	2019	李洁
10	4	2018	李青萍
11	4	2009	王娜
12	4	2018	王芳梅
13	4	2017	田园
14	4	2011	董绿英
15	4	2003	覃兵
16	4	2017	邓攀
17	4	2012	黄圣霞

绘制共现知识图谱（图 1-9）对作者的合作网络[①]进行分析后发现，高职院校的课程管理实践具有明确的合作边界。可以观察到，学者之间的合作关系相对较松散。一方面，这反映了高职院校课程管理研究更加注重课程

———————————

① 在该网络中，节点的大小表示作者的论文发表量。

管理实践而非理论研究；另一方面，由于高职院校的课程管理受到地域和时空的影响，基于不同的教育情境、教育目标、教育对象以及所选择的教育内容，课程管理实践存在很大的差异。因此，高职院校课程管理研究的合作，或者说课程管理的合作实践很难展开。

图 1-9 CNKI 中相关文献作者共现知识图谱

梳理机构论文发表统计信息（表 1-2）①可知，最早开始关注该领域研究的机构是武汉职业技术学院、南宁职业技术学院和广东科学技术职业学院。许多高职机构从 2008 年开始关注该领域的研究。这一发现与我国高职教育的发展历程相一致，表明广大高职院校的课程管理研究和实践者们逐渐认识到课程管理的必要性和重要性，并积极参与集体讨论。

表 1-2 CNKI 文献相关机构发表数量

来源机构	发表总量/篇	最早发表年份	排名
湖南现代物流职业技术学院	30	2012	1
广东科学技术职业学院	23	2006	2

---

① 对作者论文的发表机构进行统计时，我们进行了仔细的人工梳理，把同一科研单位的不同部门进行了合并处理，如把广东科学技术职业学院和广东科学技术职业学院教务处的论文发表篇数合并，统计为广东科学技术职业学院共发表 23 篇。

来源机构	发表总量/篇	最早发表年份	排名
黑龙江职业学院	19	2012	3
南宁职业技术学院	18	2003	4
武汉职业技术学院	17	2001	5
湖南商务职业技术学院	15	2014	6
浙江国际海运职业技术学院	15	2009	6
柳州职业技术学院	15	2009	6
广州番禺职业技术学院	15	2008	6
长沙商贸旅游职业技术学院	14	2016	10
长春职业技术学院	14	2012	10
江西财经职业学院	13	2015	12
重庆财经职业学院	12	2017	13
辽宁现代服务职业技术学院	12	2011	13
湖南外贸职业学院	12	2015	13
浙江经贸职业技术学院	12	2010	13
武汉软件工程职业学院	12	2014	13
长沙航空职业技术学院	11	2014	18
长沙民政职业技术学院	11	2010	18
重庆城市管理职业学院	11	2010	18
广西生态工程职业技术学院	11	2008	18
广西工商职业技术学院	11	2008	18
内蒙古商贸职业学院	11	2010	18
湖州职业技术学院	10	2013	24
广西职业技术学院	10	2016	24
广州科技贸易职业学院	10	2011	24
广州工程技术职业学院	10	2011	24
宁夏工商职业技术学院	10	2011	24
东莞职业技术学院	10	2011	24

  绘制论文发表机构共现知识图谱(图 1-10)[1]并对发表机构的合作网络进行分析。可以看出，机构之间的合作关系相对松散，没有形成明显的聚类。这与图 1-9 所展示的作者合作网络松散的结果一致，并且与本节研究指出的相关文献被引次数较少、影响力相对较弱的数据呈现一致。

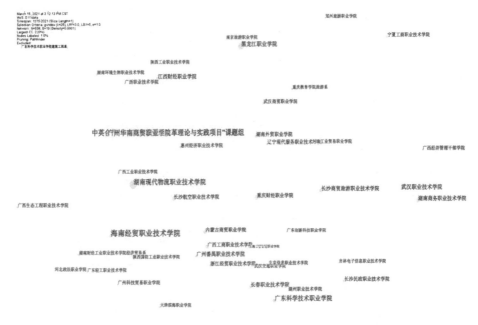

图 1-10　CNKI 中相关文献研究机构共现知识图谱

  以上分析验证了高职院校课程管理研究更注重实践经验而相对较少关注理论研究的观点。虽然高职院校在课程管理方面取得了丰硕的研究成果，但由于课程管理实践的异质性以及与特定情境的关联，其普适性相对较弱。

3. 国外研究焦点及演变

(1)长期聚焦岗位胜任力

  胜任力被认为是与工作、工作绩效或其他重要成果相关联甚至直接相关的知识、技能、能力、特质或动机(McClelland，1973)。对于胜任力，一般

————————

① 　节点的大小反映了机构的论文发表量多少。

有三种观点——特征观、行为观和综合观。持特征观者以美国学者博亚蒂斯（Boyatzis，R. E.）和斯宾塞们（Spencer，L. M. & Spencer，S. M.）为代表，他们认为胜任力是隐性的，是个体在工作中展现出高绩效的内在特质，包括动机、特性、自我概念、态度、价值观、知识和可识别的行为技能以及个人特质（Boyatzis，1982）。持行为观者认为胜任力是个体在履行工作职责时表现出的行为，是外显行为的维度（Woodruffe，1991）。持综合观者则提出了"属性集"的概念，认为胜任力的行为观和特征观应相互补充。

进行关键词共现分析，绘制关键词共现知识图谱（图 1-11）。同时，继续绘制相关文献的关键词聚类图谱（图 1-12），并进一步整理材料，排除无法反映研究目的的类别①。每个聚类由多个紧密相关的关键词组成，按降序排列，标签数字为从 0 到 11。聚类的标签数字越小，表示聚类中包含的关键词越多②。

我们可以看到，国外高职课程实践长期关注的焦点有 9 个，分别是：school-enterprise cooperation（校企合作）；critical consciousness（批判意识）；teaching mode（教学模式）；digital collaborative learning（数字协作学习）；career information（职业信息）；student satisfaction（学生满意度）；vast group（大班额）；systematic information maker（系统信息处理能力）；aesthetic labour（职业形象）。这些类属都与岗位胜任力密切相关。

（2）焦点演变：由批判意识到校企合作

绘制相关文献关键词的时间线视图（图 1-13）③观察焦点演变。该图显示，在高职课程领域，最早关注的研究热点是"批判意识"，时间大约在 2000 年。随后到了 2010 年，研究的第一热点转移到了"校企合作"，"教学模式"成为第二热点。值得注意的是，到了 2013 年，"校企合作"仍然是一个研究热点。

---

① 例如"vocational college"（高职院校）。
② 该网络的聚类模块值（Modularity Q）为 0.7648，聚类平均轮廓值（Silhouette S）为 0.9203。一般认为，Q>0.3 意味着聚类结构显著，S>0.5 表示聚类结果合理，S>0.7 则表示聚类结果高效可信。因此，本聚类分析具有较高的可信度。
③ 在图中，节点的大小反映了关键词出现的频次，即频次越多，节点越大。

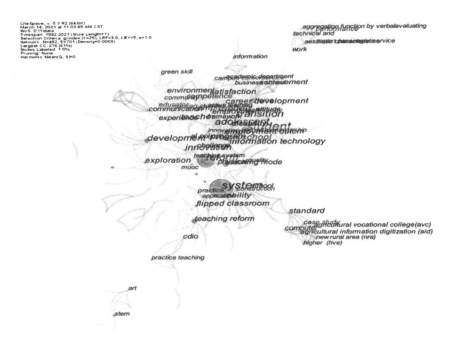

图 1-11　WOS 中相关文献关键词共现知识图谱

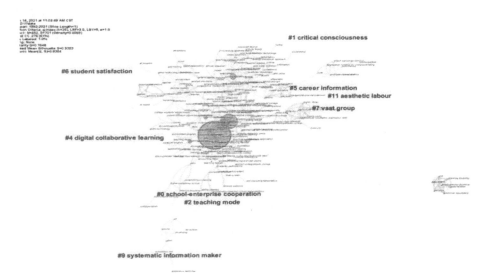

图 1-12　WOS 中相关文献关键词聚类图谱

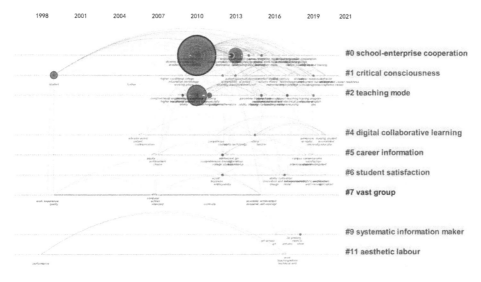

图 1-13　WOS 中相关文献关键词时间线视图

4. 国内研究焦点及演变

我们对国内文献进行关键词共现研究,从数据集的标题、作者关键词、系统补充关键词及摘要中提取名词性术语,并选择"node types"为关键词,对这些名词性术语进行共词分析。根据分析结果,我们筛选出了关键词引用频次等于或高于 22 次[①]的主题词,详细信息可以参见表 1-3。

表 1-3　关键词首现年份及出现频次

首现年份	关键词名称	出现频次
2000	课程体系	471
	教学模式	131
	课程设置	124

---

① 我们筛选出了关键词引用频次等于或高于 22 次的主题词,总计获取了 50 个主题词。相较于引用频次等于或高于 30 次的 37 个和引用频次等于或高于 100 次的 12 个样本,50 个主题词的数量较为充足,足以支撑我们的分析需求。

续表

首现年份	关键词名称	出现频次
2002	**课程建设**	120
	教学方法	119
	管理	23
2003	课程管理	67
	专业课程体系	33
2004	**教学改革**	379
2005	**课程改革**	338
	财务管理	213
	教学内容	50
	人才培养	37
2006	**实践教学**	116
	案例教学	45
	专业课程	40
2007	精品课程	35
	实训课程	22
	管理类课程	22
2008	**工作过程**	116
	课程设计	116
	课程教学	101
	职业能力	89
	校企合作	77
	工学结合	67
	企业管理	42
	项目课程	31
2009	课程开发	77
	项目化教学	55
	项目教学法	44

首现年份	关键词名称	出现频次
2009	课程标准	40
	任务驱动	37
	项目管理	28
	工作任务	25
	工作过程导向	22
	基于工作过程	22
2010	教学设计	64
	对策	38
	工作过程系统化	31
	项目教学	27
	供应链管理	23
	教学实践	22
2013	客户关系管理	22
2014	翻转课堂	53
	中高职衔接	47
	课程衔接	24
2015	微课	23
2017	课程思政	70
	现代学徒制	50
	产教融合	24

以黑体标注的为频次高于100的关键词。其中,"课程体系""教学改革"和"课程改革"作为上位类属名频次最高。经过对关键词的梳理,我们发现高职课程的编制和实施是研究者们研究的热点问题。这些研究持续不断地更新,并呈现出阶段性的特征。其中,一些研究由于具有相对普适性而被广泛采用。例如,从2006年开始,首次出现了"案例教学"一词。然而,直到2020年,该关键词每年的出现次数仅为3次,主要应用于财务管理

和人力资源管理课程教学中。因此，可以认为这种教学方法并不具备广泛适用性。相比之下，从 2014 年开始出现的"翻转课堂"一词在截至 2020 年的时间段内，平均每年出现约 7 次。这表明翻转课堂这种教学方法相对具有普适性。

同时，也有一些研究聚焦同一教学方法，但由于大多数关注者是一线教师，教学知识的专业化程度有待提高，因此这些关键词并未得到规范统一。例如，"项目教学法"相关的一系列关键词包括"项目课程"（2008）、"项目化教学"（2009）、"项目教学法"（2009）、"项目管理"（2009）和"项目教学"（2010）。这些关键词迄今共计出现了 185 次，表明项目教学法在高职课程教学中具有一定的普适性。

绘制关键词共现知识图谱（图 1-14）[①]。这些节点的大小与表 1-3 中的

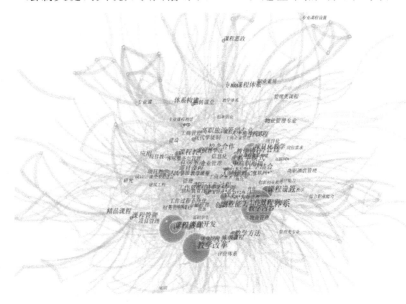

图 1-14　CNKI 中相关文献关键词共现知识图谱

关键词统计情况相对应。再次进行关键词分析[②]生成图 1-15。对这些关键

---

① 在图中，节点的大小反映了关键词的出现频次，节点越大，表示关键词出现的次数越多。
② 创建了 CiteSpace 的 exclusion 文件，去除了一些无意义的关键词，如"高职""高职院校"等，以进一步优化关键词分析。

词进行聚类,形成 14 个大类①(图 1-16),并绘制相应的时间线视图(图 1-17)。图 1-16 和图 1-17 显示,我国的高职院校课程管理实践具有明显的中国特色,即"课程思政"。

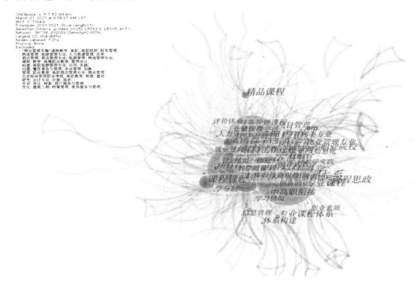

图 1-15　关键词二次分析

"课程思政"这个概念源于高职课程关注如何针对服务业工作情景的需求,提高学生在从业时的道德素养和相关素养(姜文宏,2000;李斯伟等,2000)。根据时间线,"课程思政"聚类中最为显著的行业相关节点是"旅行社",这表明旅游业对行业人才的道德素养需求最为紧迫。其次是"学分制",说明学分制课程管理是重要内容之一。到了 2013 年前后,"酒店行业"成为显著节点,这表明在酒店管理相关人才培养中,"课程思政"成为热门话题。至 2019 年,出现了显著节点"交通运输",这是因为交通相关工作场景对从业者的道德素养提出了新的要求。因此,与其他专业相比,服务业更加关注"课程思政",并强调对未来从业者服务素养的培养。这种变化也与我国社会经济的发展演变密切相关。

———————————

① 每个聚类由多个紧密相关的词组成,按降序排列,类别标签数字越小,聚类中包含的关键词越多。

图 1-16　CNKI 中相关文献关键词聚类图谱

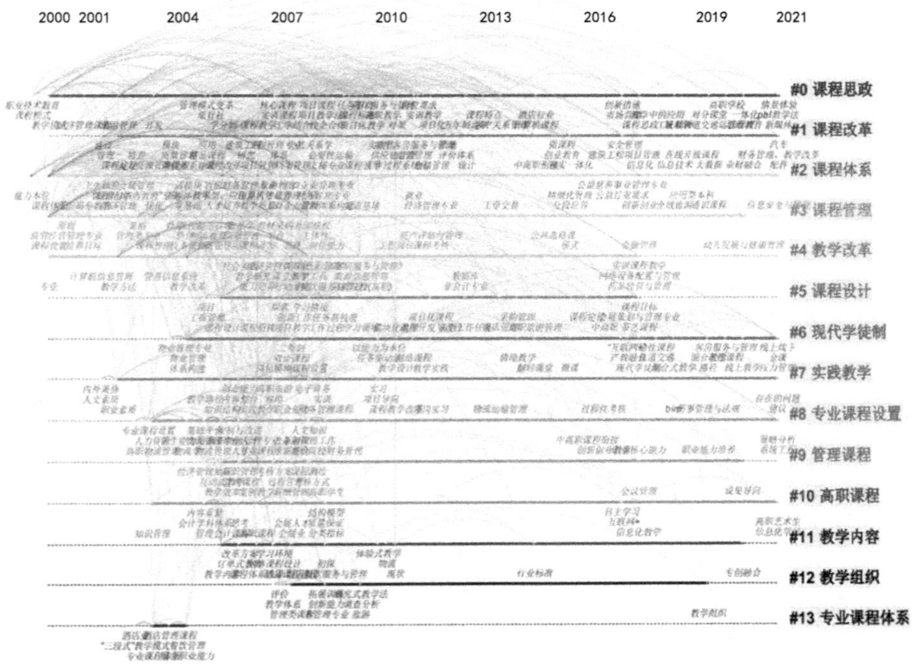

图 1-17　CNKI 中相关文献关键词时间线视图

我国高职院校课程管理实践也体现了全球高技能人才培养的共同特点，即注重实践性。自 2000 年起至今，"实践教学"一直是该领域的研究热点。这表明我国高职教育尊重自身的内在规律和本质属性，在教学中注重学生的实践能力培养。相对于其他教育类别，我国高职教育的实践性特征十分显著。

5. 研究文献简评

高职院校课程管理研究已成为高职教育研究中不可或缺的一部分。研究高职院校课程管理是一种理论认知，然而这种认知源自管理实践。通过绘制知识图谱对国内外的研究概况、焦点和演变进行分析，我们可以得出以下几个结论。

第一，相对于其他高职研究领域以及课程研究，国内外对高职院校的课程管理研究数量总体上较为有限。

在使用 WOS 进行广度查询时，我们设置关键词为"vocational college"（高职院校）和"curriculum management or leadership"（课程管理或领导），不设时间阈值，共获取到 207 篇符合条件的论文。进一步调整关键词为"vocational college"（高职院校）和"curriculum"（课程），不设时间阈值，进行文献梳理，得到 905 篇文献。在 CNKI 的广度查询中，使用关键词"高职"和"课程管理"进行搜索，不设时间阈值，共获取到 4758 篇符合条件的文献。将关键词调整为"高职"和"课程"，不设时间阈值，进行广度查询，得到了 19.89 万篇符合条件的文献。尽管研究数量有限，但高职院校课程管理研究的关注度逐年提升。这与高职课程相关的其他研究的研究关注热度提升曲线（图 1-1、图 1-2、图 1-6 和图 1-8）基本吻合。通过这些分析结果，我们可以看出高职院校课程管理研究在国内外的关注度逐渐提高，并且呈现出与高职课程相关研究相一致的趋势。

第二，相较于高职研究领域的其他研究，国内外高职院校的课程管理研究在起步时间上相对较晚。与高职相关研究的起源时间相比，国内外高职院校课程管理研究的起步时间差距较小。

通过对 WOS 和 CNKI 中相关文献的梳理，我们发现国外高职研究始于 1923 年,高职院校课程管理相关研究则正式始于 1991 年①。而国内高职研究始于 1980 年,高职院校课程管理研究则始于 2000 年。

管理思想的发展具有地域差异是出于以下原因:管理活动的历史可以追溯到人类社会的起源时期,管理思想的发展是一个漫长的过程,因此地域差异不可避免。这种差异是多方面因素综合作用的结果,包括文化差异、社会经济环境差异、政治制度和法律规范差异,以及教育和研究资源分配差异等。正是这些差异使得管理思想在不同的地域展现出特色和重点上的差异。

然而,尽管存在差异,随着社会的不断发展和管理活动的进步,人们逐渐认识到管理的重要性和必要性,并开始逐步探索和总结相关的理论和经验。这促使管理思想在全球范围内逐渐趋同,形成了一些共同的原则和实践。虽然地域差异仍然存在,但在面对共同的管理挑战和需求时,人们会相互借鉴和学习,逐步形成更加综合和跨地域的管理思想体系。

管理思想的形成经历了漫长的历史过程,其发展趋势和特征也随着时代的变迁而不断变化。直到 20 世纪初,随着管理理论的正式形成,人们才开始系统地研究和总结高职课程管理的规律和方法,以推动高职院校的课程管理活动进一步发展,课程管理效率得以提高。

第三,在研究影响力方面,国内外高职院校的课程管理研究相对于课程研究和其他高职研究领域的研究具有较低的影响力。

通过文献梳理可以发现,高职院校课程管理领域的研究主要集中在对实践进行剖析、现象分析,以及反思"如何做"等方面。然而,这些研究成果在面对多样化的高职院校课程管理实践时,并不能直接被广大高职院校课程管理研究者简单地应用。这是因为这些成果在没有抽象成具有指导性结论的原理、原则等情况下,其普适性较弱。这一情况与管理科学的发展特点相似。

自 20 世纪初管理理论产生以来,人们一直不断探讨"如何管理"的问

① 1931 年,沃森在《心理卫生》杂志上发表文章《心理咨询师的培养要求》;1987 年,平克顿等在《医院和社区精神病学》杂志上发表《学校精神健康服务的多学科培训》。这两篇文章虽然与高职院校课程管理相关,但直至 1991 年起,所发表文章才具有年度连续性。

题,并持续总结经验教训,推陈出新,积累了大量的管理实践经验和理论成果。然而,管理理论的建立和发展需要一个漫长的过程,随着社会和经济的发展,管理思想和理论也在不断演进和完善。因此,对于高职院校课程管理研究者而言,除了对实践进行深入剖析外,还需要积极参考和吸收最新的管理理论成果,以不断提高高职院校课程管理实践的水平和质量。这样才能增强高职院校课程管理研究的影响力和指导性。

第四,就研究焦点而言,国内外的研究既具有共性,也具有个性。

通过知识图谱中的图 1-12、图 1-13、图 1-14 和图 1-15 可知,国内外的研究在研究焦点方面呈现出一定的共性和个性。就业是国内外研究的主要关注点,这是共性之一。在个性方面,国内外都关注就业胜任力的研究,但由于就业环境的社会和文化差异,国内外对于就业胜任力的理解存在一些差异。国外的研究不仅关注职场能力,还注重个人在职场上的外表形象。相比之下,国内更加关注高技能人才的思想教育工作,注重通过培养和引导学生的思想意识和人文素养来提高其综合素质和就业竞争力。这些差异反映了不同文化背景和教育理念的影响。

第三节　聚焦高职内涵建设阶段的课程管理实践

1. 研究对象

本研究聚焦高职院校如何基于权衡管理活动与外部环境变化的关系开展管理实践,主要关注政策环境作为高职院校课程管理实践的外部环境,并将时间范围限定在高职教育内涵建设时期。中国的高职院校课程管理实践活动会受到外部环境变化的影响,使用权变管理。这些变化包括社会对高职教育需求的变化,以及科技等方面的发展,通常反映在国家发布的相关教育政策中,对课程管理实践提出了要求和引导。

2. 核心概念界定

为了对事物概念进行讨论,我们需要明确其本质属性,即与相似或相关事物的区别。本研究遵循逻辑学法则,在确定其所属类型时,首先选择涵盖范围最广、最接近的上位概念。对于"高职院校课程管理"而言，它是课程管理的下位概念，而课程管理处于课程论和管理学的交叉点上，既基于课程论，又得到管理学的支持。其次，需要确定其差异，即相较于同类中其他概念的限制条件。在高等教育职业情境下，"高职院校课程管理"具有高等性和职业性，即为中等教育以上程度的教育，以培养职业能力为主要目标的教育。

（1）高职课程

高职课程指的是高等职业教育（Higher Vocational Education，HVE）的课程。课程是一个广泛使用且具有多种含义的术语，在教育学领域，课程的概念因为涉及众多的哲学假设、价值取向、意识形态和对教育的信念而具有争议，因此其定义存在多样性，不同人在不同情境下对课程的理解和界定可能有很大差异。

"课程"一词源于拉丁文，意思是"跑道"（race-course）。"课程"最常见的定义是指学习的进程。在英语国家，"课程"（curriculum）一词最早出现在英国教育家斯宾塞（Spencer，H.）于1859年发表的《什么知识最有价值？》（"What Knowledge Is of the Most Worth?"）一文中。curriculum在俄语中被译为Kypc，而日本学者尺振八郎将curriculum翻译为"教育课程"。在中国，"课程"一词最早见于唐宋时期。宋朝朱熹在《朱子全书·论学》中多次提及"课程"，比如"宽着期限，紧着课程""小立课程，大作功夫"等，其中的"课程"指的是功课及其进程。

现代意义上的课程研究起源于美国学者博比特（Bobbitt，F.）的著作《课程》（*The Curriculum*）。在当代的中外课程文献中，学者们根据不同的分类标准将课程划分为不同的类别。例如，美国学者古德莱德（Goodlad，1979）将课程分为五类：理想的课程（ideological curriculum）、正式的课程（formal curriculum）、领悟的课程（perceived curriculum）、运作的课程（operational curriculum）和经验的课程（experiential curriculum）。施良方（1996）将课程分为六类：课程即教学科目、课程即有计划的教学活动、课程即预期的学习结果、课程即学习经验、课程即社会文化的再生产和课程即社会改造。张华（2000）将课程分为三类：课程即学科、课程即目标或计划以及课程即学习者的经验或体验。

学者们从不同的课程相关问题的视角,基于对学科、学生、社会等因素及其相互关系的考量,形成了不同的课程定义流派。其中,影响较大的流派包括:课程即教学科目、课程即学习经验、课程即文化再生产、课程即社会改造的过程。此外,钟启泉(1988)提出了定义课程的标准,包括计划水准、实施水准和结果水准。

在职业教育研究领域,许多学者提出了具有职业教育特色的课程定义。戴学咸(2003)认为高职课程是联系宏观教育理论与微观教育实践的人才培养总方案。石伟平和徐国庆(2004)认为课程是教育环境及其中进行的教育活动,这种环境为师生共同学习所设计的教育系统包括教师、学生、情境、教学资源等方面。这一定义拓展了课程的范畴,"课程"与"教育环境"和"教育活动"结合起来,用教育环境取代了教学计划、培养方案、教学科目等概念。赵志群(2009)认为职业教育的课程是教育机构为实现特定教育目标而为学生设计的学习计划或方案,这些方案规定了学生的学习目标、内容和方式。

高等职业教育是高等教育的一种类型。根据联合国教科文组织(UNESCO,2011)的《国际教育标准分类法》,高职教育归属于5B层次,指的是实用型、技术型、职业化的高等教育。

中国的职业教育体制确立于1902年的《钦定学堂章程》,该章程规定实业学堂教授农业、工业和商业的必备知识和技能。后来,在1912年,民国政府教育部发布了《专门学校令》,将高等实业学堂定为"专门学校",提供高等学术教育并培养专业人才。1917年5月,黄炎培等人创办了中华职业教育社,将实业教育改称为职业教育。随着国家工业的不断发展,高等职业教育也得到了相应的发展。到1925年,全国共有67所专修科大学和专门学校。随后,政府颁布了《大学组织法》和《专科学校组织法》(1929年),规定专科学校的宗旨是教授应用科学,培养技术人才。20世纪70年代末,职业大学出现,它是中国现代高职教育的前身。1980年,中国现代高职教育正式落地:在南京,金陵职业大学成立,成为中国第一所现代高职学院。同年,其他13所职业大学相继建立。截至1999年,全国共建成161所独立设置的"高等技术学院"或"职业技术学院",以满足社会对高技能人才的需求。中国的高职教育从此进入了一个大发展阶段。在过去的 20 多年里,高职教育承担了培养数千万专业人才的重任。

根据国内外学者的研究成果并结合我国国情,本研究将高等职业教育课程定义为以下内容:高等职业教育课程是以培养应用型和技能型人才为教育目标,以工作实践的知识和技能为教学内容,以导向实践的方式进行规划和设计的教育活动。该定义强调了职业和能力发展的价值取向,涵盖了课程目标、课程内容、课程实施和课程评价四个方面。在课程层次上,高等职业教育课程指的是实际在课堂上实施的运作性课程(operational curriculum)①。

(2)高职院校的课程管理

课程管理在中国是一个刚开始进行系统研究的学术领域,因此有关它的许多理论仍在探索和讨论中。作为一种活动,课程管理指的是对学校内与课程相关的各种活动进行管理的过程。课程管理活动的范围取决于课程活动的范围。国外对课程管理这一概念的解释和描述也是基于课程活动的范围,主要包括"课程管理"(curriculum management)和"课程领导"(curriculum leadership)两种理解。课程管理的关键在于对"课程"的理解。对"课程"的理解不同,对"课程管理"的理解也会不同。对于"课程"这一概念的理解程度,直接影响对课程管理范围的认识(孙绵涛,1997)。由于研究的层次、角度和目的不同,人们对课程管理给出了不同的解释和界定,例如课程管理即教学管理,课程管理即课程实施,课程管理即课程编制,课程管理即责任和权利,课程管理即对人、组织和课程发展的管理,以及课程管理即对课程设计、实施和评价过程的管理等。

上述定义虽然各不相同,但有一点是一致的,即课程管理是对"课程"的管理。其中,"课程"是对"管理"的限定,是这一管理活动与其他管理活动所不同的依据,表明它是以"课程活动"为对象和内容的管理活动。这在一定程度上揭示了课程管理的本质,即课程管理因为有"课程"的限定而表

---

① 根据古德莱德关于课程实施有五个层次的理论。

现出与其他管理活动不同的特点。换言之,课程管理即"管理课程",它以"管理"作为"实施者",以"课程"作为"接受者",表明两者之间的紧密关联、相互依存和不可分割性。实际上,课程管理不存在超越"课程"或"管理"本身的情况。

根据本书对高职课程和课程管理的理解和界定,高职院校的课程管理是指对具有职业与能力本位的价值取向的运作课程的课程目标、课程内容、课程实施和课程评价活动进行管理。这包括管理培养应用型、技能型人才的育人课程目标,管理以工作为本位的实践知识与技能的教学内容,以及规划设计以导向实践的教学活动等。

3. 相关概念辨析

本研究选择使用"课程管理"而非"教学管理"或"课程领导"作为关键词进行面向我国本土的研究,其原因至少有以下两点。

(1)"课程管理"较"教学管理"突破了教师对学生引导行为的管理局限

在汉语中,"教学"一词最早出现在《尚书·兑命》中。它的含义是"教"与"学"密不可分。而在英语中,"教学"对应的词是"teaching",与"learning"并没有同源的衍生词。目前,英语中常用的表达"教学"的词汇有"teaching""instruction"和"teaching and learning"。因此,可以将其理解为教师向学生传授知识和技能的活动、教师指导学生学习并引起行为变化的过程,以及教师的教与学生的学相互交织而成的双向活动过程。

对于教学的理解将决定对教学管理的理解。如果将教学管理理解为对课程实施活动的管理,那么课程管理至少包括对课程编制和实施两个方面活动的管理。这是基于大课程论和小教学论对教学管理和课程管理的理解。这种观点在苏联教育家中有过典型代表,而在我国也有一些学者持有相同的观点。在这种观点下,课程管理往往具体化为对与教学计划、教学大纲和教科书三个部分相关的所有活动的管理。

另一种观点是大课程小教学。基于此,教学管理只是课程管理的一个组成部分。这种看法在北美比较普遍,认为教学管理仅涉及对与课程实施和设计相关的活动的管理。

实际上,课程管理与教学管理之间很难进行清晰的划分。尽管课程管理主要强调学习范围的管理,而教学管理主要强调教师对学生引导行为的管理,但它们的管理内容存在重叠,形成了一种紧密相连的关系,即"胎连式"关系。

本研究并不局限于对教师对学生引导行为的管理。"课程管理"更准确地描述了研究的焦点。相比于"教学管理"或"课程领导","课程管理"更加专注于对课程本身的管理,涵盖了课程的目标、内容、实施和评价等方面。这符合研究目的,能够更加全面地探讨和分析课程管理在我国的本土实践。

（2）"课程管理"较"课程领导"拓展了对我国本土现象观察的广度

"课程领导"(curriculum leadership)的目的是革新自上而下的"管理"思维,改变在管理过程中实施的一些官僚体制的"监控"和"管制"。一些学校根据上级行政部门的指令来开展围绕课程的管理活动,这导致学校的课程运作受到上级和外部观念的驱动。"课程领导"从"经营"或"领导"的功能出发,强调组织内部的自主性和创造力。在研究高职教育活动时,"课程领导"这一概念在我国的引入历史较短。此外,尽管该概念在其他国家得到广泛传播、接受和应用,但在我国尚未被广泛认知和应用。通过使用"高职"和"课程领导"作为关键词,不设时间阈值进行文献搜索,我们发现相关文献仅有 25 篇。

本研究选择"课程管理"作为关键词,以拓展对我国本土现象的观察广度。"课程管理"在我国的教育背景中具有重要性和实际意义。课程作为教育的核心要素,其管理对于提高教育质量和培养合格人才具有重要作用。在我国的本土情境中,课程管理面临着独特的挑战和需求,选择"课程管理"作为关键词能够更好地针对我国的特定情境展开研究,并为课程管理的实践提供有针对性的建议和措施。

4. 研究设计

本研究的核心问题是如何优化高职院校的课程管理功能,以实现高职教育的国民教育目标并为社会发展提供人力资源。为了解决这个问题,我们将进行以下几个子研究。

首先,我们将分析高职院校课程管理实践环境条件的演变。通过梳理我国高职内涵建设以来的相关政策,将其划分为不同的发展阶段,并明确各阶段政策的目的、形式和职能。

其次,我们将分析高职院校课程管理实践的整体权变情况。选择典型案例群,以其在"双高计划"评选中的表现为基础,建立案例群子集,并设定时间阈值。我们将全面收集这些案例的数据并进行文本分析,采用对比的方法,剖析不同高职群体在课程管理实践中的权变管理整体特点。

最后,我们将阐释高职院校课程管理的理论意义,并提出优化实践建议。我们将解释高职院校课程管理的理论内涵,回答如何来优化高职院校的课程管理。

5. 研究方法

为了完成上述研究任务,我们将采用文献分析法、案例研究法和文本挖掘法等多种研究方法。

(1)文献分析法

根据对高职院校课程管理的综述研究分析,我们发现对课程管理的本质、价值和功能的科学研究正在逐渐形成一个科学体系。系统地理解课程管理是回答如何优化高职院校课程管理以面向高职教育的国民教育和为社会发展提供人力资源的关键前提。因此,高职院校课程管理的文献分析研究是一个首要步骤。为了建立科学的认知,我们将通过图书馆、网络资源等途径获取文献资料开展分析。

(2)案例研究法

案例研究是一种经验性的研究方法,着重于对现实生活中临时现象的探究,与纯理论研究回答"应该是什么"的问题不同。在案例研究中,现象本身与其背景之间的界限通常不明显。因此,研究者只能通过实例进行案例研究,回答"为什么"和"怎么样"的问题(Yin,2017)。本研究通过三个具体的步骤,选择典型的浙江省高职院校课程管理实践案例开展研究:采用理论抽样,制定案例抽样的选择标准和原则,聚焦具有理论意义和有用性的案例,而不是随机抽样;收集多元数据并运用三角验证的方法开展综合性分析;成立研究小组,采纳多元观点进行研讨和分析。

（3）文本挖掘法

典型高职院校课程管理案例的材料信息篇幅较大,内容较多[①],我们采用文本挖掘技术来使研究过程更加科学,结果更加客观,并降低错误率。文本挖掘(text mining,TM)[②]是从大规模文本数据库中提取隐含的、以前未知的、潜在有用的信息和知识的过程。早期研究主要关注文本挖掘模型和文本特征抽取,现已扩展到包括科技创新在内的多个领域的文本挖掘技术应用。

在第二章,我们将使用 CiteSpace 进行共词分析和共词聚类分析,以此对国内外相关研究进行文献综述。在第四章,我们将利用 CiteSpace 进行突变词检测,并建立符合研究目的和意义的自定义词库;通过突变词检测和共词聚类分析,结合主题时间线视图,对高职院校课程管理整体实践案例进行广度分析;使用 CiteSpace 的共词分析和共词聚类分析,结合 R 语言的 jiebaR[③] 分词技术,进行目标文献的关键词和全文词频分析,进一步深入分析高职院校课程管理整体实践案例。在第五章,我们将利用 CiteSpace 进行共词分析和共词聚类分析,对多个高职院校课程管理个体实践案例进行分析。

6. 研究创新

本研究主要基于高职课程论和权变管理理论,运用文本挖掘技术和知识图谱进行研究。通过对获取的文本和多媒体材料进行无量纲处理、量化,并以可视化形式呈现,进行质性分析。因此,本研究可能提供了高职领域研究的新视角和新方法。

（1）新视角:基于权变管理视角的研究

通过在 CNKI 中使用关键词"高职"和"权变",设置逻辑运算符为"AND",不设时间阈值,进行主题搜索和广度查询,共获取 46 篇文献。图1-18 显示,尽管早在 2003 年就有相关研究出现,但直到 2021 年 3 月,并无

---

① 我们收集了大量典型的高职院校课程管理案例的材料,并对材料数据进行降维和归一化处理,整理成文本文档(TXT)。这些文本信息篇幅较大,内容较多。

② "文本挖掘"一词最早由 Feldman 等人(1995)提出,并被 Justicia de la Torre 等人(2018)和 Kobayashi 等人(2018)概述其应用。Kayser 等人(2017)总结了文本挖掘的优势和贡献。

③ jiebaR 是一款高效的 R 语言中文分词包,jieba 是一个 C++库。

大量的研究关注。

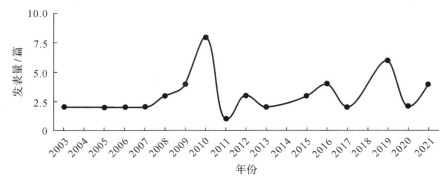

图 1-18　CNKI 高职权变视角研究文献年份分布

（2）新方法：基于文本挖掘和知识图谱方法的研究

通过在 CNKI 中使用关键词"高职"和"文本挖掘"，设置逻辑运算符为"AND"，不设时间阈值，进行主题搜索和广度查询，共获取 7 篇文献。从图 1-19 可以看出，文本挖掘在高职领域的研究首次出现于 2014 年，但至今并未引起广泛关注。

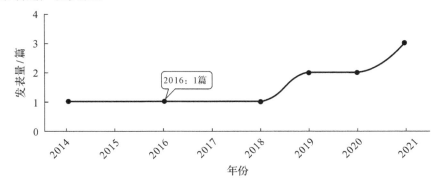

图 1-19　CNKI 高职文本挖掘研究文献年份分布

通过在 CNKI 中使用关键词"高职"和"知识图谱"，设置逻辑运算符为"AND"，不设时间阈值，进行主题搜索和广度查询，共获取 129 篇文献。图 1-20 显示，知识图谱在高职领域的研究首次出现于 2010 年，但至今并未引起广泛关注。

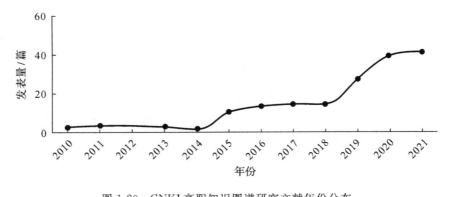

图 1-20　CNKI 高职知识图谱研究文献年份分布

第二章　高职院校课程管理的理论检视

对于高职院校课程管理的系统和科学认知是其认识论基础,也是选择课程管理方法论和具体管理方法的依据。不同类型的课程具有不同的价值,并且存在着不同的课程观。为了最大限度地实现课程的价值,课程管理活动必须与相应的课程观逻辑一致。

第一节　泰勒原理与课程管理分析框架

1. 泰勒原理

泰勒(Tyler,R. W.)的《课程与教学的基本原理》(*Basic Principles of Curriculum and Instruction*)是现代课程理论的奠基石,也是对现代课程研究领域影响最大的理论框架。该理论围绕着四个基本问题展开:

学校应该达到哪些教育目标?[①]

提供哪些教育经验才能实现这些目标?[②]

如何有效地组织这些教育经验?[③]

如何确定这些目标正在得到实现?[④] (Tyler,1949)

泰勒提出了研究这些问题的方法和程序,而并非直接回答这些问题,

---

① 译文对应原文为:What educational purposes should the school seek to attain?

② 译文对应原文为:What educational experiences can be provided that are likely to attain these purposes?

③ 译文对应原文为:How can these educational experiences be effectively organized?

④ 译文对应原文为:How can we determine whether these purposes are being attained?

因为具体的答案取决于学校的性质和教育阶段等具体情况。因此，这构成了对课程与教学问题进行探讨的基本原则。泰勒的课程原理实质上提出了课程编制的四个步骤：确定目标、选择经验、组织经验和评价结果。

2. 泰勒原理构建课程管理分析框架

泰勒原理为本研究提供了认识论基础，并提供了具体的分析框架。基于泰勒原理中关于课程编制的四个步骤，本研究对高职院校课程管理的实践进行了分析，涵盖了课程目标、课程内容、课程实施和课程评价管理四个方面。

本节和第一章基于泰勒原理对高职课程管理进行了定义，并确定了第三章和第四章对研究对象的分析框架。根据该分析框架，第三章对教育元政策和基本政策对高职课程管理的影响进行了分析；第四章则基于词频突变检测结果和 jiebaR 分词结果，对省视域案例集的整体实践情况进行了广度和深度分析。

第二节　课程价值观与课程管理理论遴选逻辑

1. 基于泰勒原理厘清高职课程的价值观

（1）基于泰勒原理梳理高职课程理论研究

泰勒原理作为课程设计和管理中的重要基本原则，在高职院校得到广泛应用。尽管许多学者在高职课程的理论和实践方面进行了大量研究并取得了丰硕成果，但高职课程论似乎还没有独立形成一个研究领域。高职课程论的独立形态主要表现在以下四个方面：高职课程成为一个独立的研究领域；高职教育概念和范畴形成；研究方法变得更加科学严谨；一些重要的教育结论产生了，一些系统的高职课程理论著作得以出版。因此，可以基于泰勒原理对与高职课程相关的理论研究进行梳理。根据课程编制的四个步骤，即确定目标、选择经验、组织经验和评价结果，对高职课程的四个方面进行梳理：课程目标研究、课程内容研究、课程实施研究和课程评价研究。

　　迄今为止,在高职课程的理论研究中,影响力较大的研究主要集中在课程实施方面[①]。广大研究者普遍认为,高职课程应采用项目课程形式并具有实践性。

　　徐国庆(2004,2006)指出职业教育课程应以实践为导向。他的研究分析了技术知识的本质,认为技术归根结底是实践性的,技术知识的实践性决定了职业教育课程必须以实践为中心。他将实践导向的职业教育课程开发程序划分为七个步骤。他也认为高职项目课程的理论基础是知识的工作结构表征、构建主义和工作结构。郝超和蒋庆斌(2007)从体系结构、内涵要素和基本特征等方面阐述了高职教育项目课程的基本内涵。他们还指出项目课程是高职教育课程模式改革的发展方向之一,并总结了项目课程开发活动的相关方法,包括开发原则、开发流程和开发方法。张晋(2008)研究了高职教育实践教学体系构建,从观念和制度两个层面进行探讨。他定义了高职教育实践教学的概念,并指出其具有情境性、全程性、完整性、开放性和工学结合等特征。路海萍(2009)认为项目化是高职院校课程改革的必然选择,她提出了课程项目化设计的三个原则:实践性原则、相关性原则和思考性原则。同时,她强调了选取项目内容、组织项目顺序,以及解决课程教材、教学基地和相关保障机制建设等问题的重要性。

　　高职课程教材作为课程内容的一部分也备受关注,研究聚焦于如何建设高职课程所需的教材。程荣福(2001)认为高职教育教材应深化改革,突出特色,注重基础知识的扎实性、能力的培养和创新思维的培养。赵居礼和王艳芳(2003)提出了完善高职教材体系建设的基本思路。李利平(2011)认为,通过强化资源平台的顶层设计,加强资源之间的内在关联性,以及推动资源平台的开放性建设,可以建立高职教育专业教学资源库。

　　高职课程的广泛研究主要涵盖了其内涵和目标等方面的研究。石伟平和徐国庆(2001)对高职教育课程进行了国际比较研究。吕鑫祥(2002)从任务能力观、整体能力观和整合能力观的角度阐述了高职课程改革的一

　[①]　在 CNKI 中,使用关键词"高职""课程"和"理论",不设时间阈值进行搜索。迄今为止,被引用次数超过 100 次的论文主要涉及课程的本质、功能、形态和特点研究。搜索时间为 2021 年 3 月 13 日。

些理论要点。黄克孝（2004）从课程方案、课程目标和课程内容三个方面对构建高职课程体系的课程观进行了理论思考。雷正光（2005）指出高职课程体系的整体目标应该以就业为导向，紧密结合人才市场需求，使课程内容与职业资格要求完全匹配，学生专业技能与岗位规范无差距，从而实现毕业即就业的目标。张良（2012）认为高职教育课程的基本内涵应该是以职业素质为基础，构建的课程应遵循职业性、整合性、合作性、动态性、衔接性和模块化等原则，以提高学生的综合素质为目标，以学生的职业生涯发展为主线，以就业市场需求为导向，以学生的知识和能力准备为基础，以培养职业能力为核心，以职业技能训练为重点的策略。

这些广泛研究还包括中国特有的高职课程活动现象，如中高职衔接。荀莉（2012）对这方面的研究状况进行了综述和梳理。任平和陈文香（2010）认为，在我国中高职课程衔接中存在着文化基础课程脱节、专业理论课程重复、专业技能（实习）课程倒挂等重要问题，建议通过打破"三段式"课程模式与建立学分制和弹性选课制，构建全国统一的职业资格证书体系来解决这些问题。金盛（2013）则对中高职衔接一体化教育模式进行了研究。

（2）高职院校课程的权变实践价值观

高职课程的理论研究重点关注实践活动的焦点问题。高职院校课程的价值观以实践为中心，以项目课程为发展方向，注重实践能力的培养和就业导向，是权变实践的价值观。

首先，在课程目标方面，高职教育课程以实践为中心，将实践导向作为课程开发的核心，以项目课程为重要发展方向，使课程知识内容与职业资格要求零差异，学生专业技能与岗位规范零差距，从而实现毕业就业零时间。

其次，在课程内容方面，高职教材深化改革，突出特色，厚基础、重能力、求创新，通过强化资源平台顶层设计，强化资源的内在关联性，增强资源平台的开放性，建设高职教育专业教学资源库。

再次，在课程实施方面，高职院校课程改革依托项目化课程，设计出符合实践性、相关性和思考性的原则，基于这些原则选取项目内容、组织项目顺序,同时,配套课程教材、教学基地和相关保障机制的建设。

最后,在课程评价方面,高职教育实践教学具有情境性、全程性、完整性、开放性和工学结合等特征,应从不同角度进行评价,包括教学目标的达成度、学生实践能力的培养、就业能力的提高等。

本节对高职课程的理论研究进行了梳理,虽然涉及内容有限,但却是众多研究成果中最受关注、最为焦点的问题。这些研究围绕如何更好地实现高职课程的价值展开,即如何优化课程的功能,实现高职教育的国民性,为社会发展提供人力资源。

2. 高职课程与权变理论价值观趋同

课程与课程管理理论价值观趋同是课程管理理论的遴选前提和原则。只有与目标课程价值观趋同的课程管理,才能实践课程的价值观。例如,博比特认为,"教育是一种塑造过程,与制造钢轨完全一样",必须用精准的尺度来衡量"产品是否达到了标准",而采用"科学管理"来实践其唯科学主义的课程观(Bobbitt,1918:284)。

高职课程与权变管理理论价值观趋同。关于高职课程的理论研究为本研究提供了关于高职课程的价值观。这些研究虽然并没有促使高职课程论的诞生,但其关于高职课程的价值取向和教育理念已形成了清晰的边界。高职课程既具有职业性,又具有高等性,兼有发展国民教育和供给社会所需的人力资源的双重价值,所以面向外部环境的权变性显著。高职课程具有面向外部环境,主要是社会对其需求,提供人力资源的权变性。这与权变管理理论的管理价值取向一致。

第三节　权变理论与研究方法论及具体方法

1. 权变理论

本研究的管理理论工具和视角为权变管理理论,它既是一种方法论理论,也是具体方法的理论基础。该理论认为,没有适用于所有情境的通用管理理论和方法,因此管理应根据具体情景进行调整。虽然权变管理理论不否认现有管理理论的价值,但它认为管理决策是在环境条件下进行的,是对环境进行权衡决策的结果。随着时代和环境的变化,权变理论在管理学中的地位和作用也会相应变化。

(1)管理实践中的早期权变研究

从人类的管理实践史来看,采取权变原则和权变方法在管理中具有悠久的历史,但权变理论最早提出于 20 世纪 60 年代。该理论主要源自两个领域,一是组织结构研究,二是领导方式研究。

第一,组织结构研究。

关于组织设计与技术之间的关系(Woodward,1965),技术与组织结构的权变观认为:首先,企业在组织结构和组织行为方面的差异可以得到充分解释,这些差异来源于企业所处的环境条件,这些条件是企业生存的基础;其次,这种权变观不认同存在某种最佳的管理方法,反对将管理中的原则视为普遍适用的原则。

关于组织结构与技术和市场的相互关系,根据劳伦斯(Lawrence,P.R.)和洛希(Lorsch,J. W.)的研究,不同的环境对组织有不同的要求,特别是在市场不确定和技术变化极快的环境下,这为权变学说的建立提供了基本理论基础(Lawrence & Lorsch,1967)。此外,也有学者认为,不同类型的企业在组织结构和管理方法方面存在明显差异。组织结构和管理方法主要依赖于一些环境因素,尤其是技术发展速度和市场变化速度。

从系统论的角度研究组织和管理的问题。根据的特里斯特(Trist,E. L.)和班福斯(Bamforth,K. W.)的观点,组织被认为是一种"开放性的社会—技术"系统(Trist & Bamforth,1951)。整个系统的最佳状态关键在于系统内部各组成部分的相互适应,而不是单一方面处于最佳状态。由于环境的复杂性不断增加,组织必须进行自我调整,以实现组织与环境之间的动态平衡。

外部环境与组织结构关系。根据莫尔斯(Morse,J.)、杰伊(Jay,W. L.)和洛尔施(Lorsch,J. W.)的看法,没有一种固定不变的"最佳"组织设计。相反,应该根据地域和时机的不同,采用与环境相适应的组织结构和管理体制(Morse & Jay,1970;Lorsch & Morse,1974)。

第二,领导方式研究。

"领导方式的连续统一体"理论由坦宁鲍姆(Tannenbaum,R.)和施密特(Schmidt,W. H.)提出,该理论认为并不存在一种固定的理想模式,领导者应采取灵活的权变态度来应对不同情况(Tannenbaum & Schmidt,1973)。这一理论开创了领导理论研究中权变方法的先河。

菲德勒(Fiedler,F. E.)从管理心理学和实证环境分析的角度研究领导问题,提出了"权变领导模型",运用 LCP 衡量法,认为领导方式取决于具体情境(Fiedler,1967,1971)。

豪斯(House,R. J.)在领导行为"途径—目标模式"的基础上,引入了权变因素(House,1971);豪斯和米切尔(Mitchell,T. R.)合作提出了"目标—途径"的权变领导理论(House & Mitchell,1974)。

(2)权变理论的形成及主要内容

卢桑斯(Luthans,F.)在 1973 年发表了文章《权变管理理论:走出丛林之路》("The Contingency Theory of Management:A Path Out of the Jungle"),并在 1976 年出版了专著《管理导论:一种权变学说》(*Introduction to Management*:*A Contingency Approach*)(Luthans,1973,1976)。《权变管理理论:走出丛林之路》首先对当时主要的管理学说进行了概述、分析和评价,认为过程学说、定量学说、行为学说和系统学说等管理理论存在缺陷。他提出了权变学说作为一种融合其他管理理论的希望,旨在使管理理论研究摆脱"管理理论的丛林",开辟新的研究方向。

卢桑斯提出了权变管理理论的概念框架和基本观点,认为它是一个管理思想和方法的理论体系。通过研究和建立环境变量与管理变量之间的权变关系,可以实现组织目标的权变管理。他也认为权变理论具有较强的解释力和综合性,并运用该概念框架分析了过程学派、行为学派、计量学派和系统学派提出的管理问题。这标志着权变理论的形成,并使其成为 70 年代和 80 年代管理理论的热点和焦点。

卢桑斯提出的权变概念框架(A Contingency Conceptual Framework)将管理知识整合成一个能够有效指导管理实践的理论,即权变理论。该框架由环境变量、管理变量以及二者之间的权变关系三个部分组成。这种关系是基于环境作为自变量、管理作为因变量的"如果—就要"函数关系。组织内外的环境因素、管理理念和方法是决定组织管理活动的根本因素。这些因素的变化会导致管理活动的变化，以实现组织的目标和任务。并不存在适用于所有情况的"最佳"管理理论和方法。基于系统观的观点，组织被视为与环境不断相互作用并获得发展的开放系统。因此，管理活动应该与组织所处的具体环境相适应，随着各种具体条件的变化而灵活应变，并选择适宜的管理方式。

（3）权变理论的发展

随着权变理论的发展，涌现出许多分支理论，主要涉及以下方面：

环境与组织涉及多种变量。基于权变理论，对其内部不同变量之间的相互关系进行考察，形成了相应的权变分支理论。这些分支理论包括组织结构设计的权变理论和领导方式的权变理论。

组织结构设计的权变理论经历了三个阶段，包括古典组织结构理论、行为科学组织结构理论和组织结构权变理论。其中，技术与组织结构的权变理论、环境与组织结构的权变理论以及组织规模与组织结构的权变理论都属于该领域。

领导方式的权变理论也经历了特质论阶段、行为论阶段和权变论阶段。相关理论包括领导方式的连续统一体理论、有效领导权变模式以及"目标—途径"领导理论。

2. 权变理论提供研究方法论和具体方法

本研究通过尽可能涵盖研究视域内样本省内所有地市的高职院校，分析它们在目标时间阈值内课程管理实践中的权变情况，总结其成功经验和特色管理模式。这需要一个方法论适用各类高职院校的各类不确定和复杂的课程管理环境，具备本土管理基础且适用于组织活动研究和领导方式研究。

（1）权变理论适用于各类高职院校的管理思想和基本原则

尽管权变理论否定了"存在普遍适用的管理原则"的观点，但它指出在

特定的环境条件下存在着最适合实现组织目标的管理方式(Luthans,
1976)[①]。通过权变分析,我们可以更深入地了解变量之间的相互作用,得
出对不同类型组织关系模式的一般结论。权变管理与其他具体的管理理
论和方法,如组织理论、领导理论、计划理论等,存在方法论和方法之间的
关系。相比于科学研究方法应用于特定研究活动或特定学科研究方法,权
变管理更多地体现为一种管理思想和基本原则,是一种综合性的理论。

本研究的目标是梳理和分析高职课程管理的实践,尽可能广泛地涵盖
相关经验和管理模式,以形成科学的认知,并为未来的课程管理优化工作
提供启示。因此,我们需要一种适用于各类高职院校的管理研究方法论。

(2)权变理论适应高职课程管理环境发展的不确定性和复杂性

本研究的目标是优化高职院校的课程管理实践。当前,高职教育的内
外部环境都变得不确定和复杂。在内部环境方面,高职教育的规模不断扩
大,学生来源和学情不断变化,校企育人标准和模式也在不断变革。在外
部环境方面,人们对高等教育资源的需求变得越来越多样化和个性化,我
国经济发展需要增强人力资源开发的适应性,信息技术的发展也对课程管
理提出了新的要求。因此,权变理论在本研究中具有适用性。

权变理论以环境的不确定性、未来的不可预测性、系统的复杂性和演
化的动态性为基础,强调偶然性、试错性、应急性、意图性、学习性、自组织
性、自适应性、灵活性和随机性等特征,具有广阔的生存空间和发展潜力。
尽管权变管理没有成为整合管理理论的一部分,但随着环境的不确定性和
复杂程度不断增加,它的作用和地位变得越来越重要。

(3)权变理论契合中国传统文化具有"本土基础"

"权变"(也称为"经权")思想是中国传统哲学中的一个重要概念,它代
表着中国传统伦理中的一种重要的处世智慧和道德选择方式。在面临困
境时,中国传统思想通常会要求人们进行权衡轻重,超越常规,坚守根本大
义。西方的权变理论思想与中国传统文化中的"权衡""审时度势""因地而

---

① 卢桑斯专著《管理导论:一种权变学说》第 47 页的原文是这样的:If certain environmental
conditions exist, then certain management concepts and techniques are more effective than
others for goal attainment.

异"等观念有着异曲同工之处，并与中国传统文化中的某些核心价值相吻合。这种权变管理思想早在中国古代伟大的思想家如孔子、孙子、吴子、管子等人的学说中就被提出。目前，它已被广泛应用于包括中国在内的许多国家的企事业单位、政府管理、风险评估以及领导能力提升等领域，因此具有本土基础。

（4）权变理论是组织活动研究和领导方式研究的方法论

权变理论可作为研究的方法论。该理论主要源于组织结构研究和领导方式研究，形成了相应的权变分支理论，包括组织结构设计的权变理论和领导方式的权变理论。

第三章　高职院校课程管理实践的政策环境

　　作为社会的一个子系统,教育受到政治、经济、文化、人口、生态等其他子系统的影响。目前,我国正处于经济调整期,高职教育也相应进入了调整期,以发挥教育的派生功能,与经济调整协同作用,促进经济发展。高职教育政策是高职院校课程管理实践中最主要、最直接的外部环境,指导着教育实践。在开展高职院校课程管理研究时,首先应清楚高职教育相关政策和基本政策的演变规律,并对其演变阶段进行研判。

第一节　政策的采集和变迁的机制

1. 采集高职内涵建设阶段的教育元政策和基本政策

　　本研究收集了高职内涵建设阶段的教育政策和基本政策,主要来源于国务院、教育部、人力资源和社会保障部与国家发展改革委等国家级政策机构。采集的主题是"推进高职教育内涵建设"。所收集的政策时间范围为:从2005年10月国务院发布的《国务院关于大力发展职业教育的决定》(国发〔2005〕35号)(以下简称为《决定》)至教育部于2021年3月发布的关于印发《职业教育专业目录(2021年)》(教职成〔2021〕2号)(以下简称为

《目录》)的通知①。具体的政策目录详见附录。

高职院校的课程管理呈现出阶梯式的结构。从管理主体的视角来看，从上到下、从宏观到微观、从国家到教师，社会对高职教育的要求逐层逐级内化，最终通过高职院校的课程目标、内容、实施和评价来体现。在这个过程中，每个层次都具有特殊的性质。这个结构的起点是社会对高职教育的要求，终点是受教育者个体的发展。除了国家制定的教育目的、明确的教育制度与学校教育制度、课程方案和课程标准、专业人才培养标准和学校教育系统的发展规则外，国家或地方一级的领导机关和教育行政部门通过发布各类教育政策，将社会对高职教育的动态要求内化为对高职课程管理的要求，并使其成为课程管理各阶段工作的总体方案，促进和监督方案的执行。这些政策随着社会的发展不断变化演进，因此，分析高职院校课程管理实践情况的前提是对这些政策进行梳理，了解课程管理实践中的权变情况。

20 世纪 80 年代，我国的教育政策研究才刚刚起步。20 世纪中后期，国内的教育事业迅速发展，教育政策研究也逐渐兴起。国内对于教育政策的概念可以总结为四类：第一，将教育政策视为一种有目的、有组织的动态发展过程。这个过程发生在特定的历史时期内，旨在实现特定的教育目标和任务，由政党、政府等治理实体制定一系列行动依据和准则，以协调教育的内外关系为目标。这个概念既包括静态的"结果"，也包括动态的全过程运行(孙绵涛，2002)。第二，认为教育政策是一种有关教育的政治措施，是教育权力和利益的具体体现(张新平，1999)。第三，认为教育政策是国家较高决策层为实现教育目标并依照一定程序制定的教育事务的行动纲领和准则(吴志宏，2007)。第四，认为教育政策是政府及其他社会团体为解决教育问题、实现教育目标，针对教育主体或社会大众在具体教育情境中困扰或不安的情况，采取的行动或不作为的活动。它旨在弥合教育运作与

---

① 2022 年全年，教育部发布的所有政策、通知、文件中，职业及成人教育数量最多，占到教育部年度所有发文比例的 28.75%，充分说明了国家层面对职业教育的重视与关注，职业教育行业将迎来进一步的良性规范，也将迎来进一步的有序发展。而截至 2023 年，近七年来国家分别在 2016 年、2017 年、2019 年、2020 年和 2021 年五次更新了职业资格目录。因此，以《职业教育专业目录(2021 年)》(教职成〔2021〕2 号)的更新为研究的阶段节点。

教育目标和价值之间的相对差距(张芳全,2009)。

教育政策是公共政策的一种,按照一般的公共政策分类方法,可以将教育政策分为元政策、基本政策和具体政策。元政策,也称为总政策,是指用于指导和规范政府政策行为的一套理论和方法的总称。它在政策体系中起着统帅或统摄作用,对其他政策起到指导和规范的作用,是其他政策的出发点和基本依据。基本政策是主导性政策,用于指导具体政策的制定。元政策和基本政策一般由中央政府或其授权机关制定和发布。基本政策通常需要覆盖全国范围。在一段时间内,除非出现非常重大的变化,基本政策一般不会发生根本性的变化。基本政策在权威性上被具体政策所引用,成为许多具体政策的依据(陆雄文,2013)。具体政策是在社会基本活动领域下更小范围内发挥作用的政策。有学者称这个层次的政策为实质政策。具体政策解决了社会发展中某个领域或某个区域的具体问题,它可能通过一项措施或一个工程来实现。具体政策有自己的范围、地位、特点和功能(严强,2002)。

在教育政策执行方面,国内对此进行研究的学者不多,他们主要有以下观点。孙绵涛(1997)认为,教育政策执行应该具有广义含义,指的是教育政策在教育实践活动中的贯彻、落实、推行和实施的整个过程。吴志宏等(2003)认为,教育政策执行是指执行者根据政策的指示和要求,采取积极措施,实现政策目标,取得预期效果的动态行动过程。袁振国(1998)认为,教育政策执行就是将教育政策目标转化为教育现实的过程。张芳全(2009)认为,教育政策执行包括对教育问题的认定和构建,对教育政策的分析和评估,以及对教育政策的执行、终结和检讨。韩清林(2003)认为,教育政策执行是指在政策内容的指导下,对教育实践进行改造的相对独立过程。因此,在关注高职院校课程管理实践的权变情况时,应关注课程管理实践在教育元政策和基本政策的影响下,课程目标、课程内容、课程实施和课程评价中出现的工作热点的变化。

2. 教育政策作为制度变迁的载体:从观念到表型的过程

教育政策是公共政策的一种形式。公共政策的变迁是制度变迁的基本形式,而政策文本是其表现形式。随着人类社会的演进和自然秩序与人为规则的变革，制度变迁成为社会历史的主要表现形式。

　　制度作为社会知识的体现，是固化的观念（Durkheim，1982；Boland，1979；Nelson & Sampat，2001）。制度变迁的过程实质上是从众多观念中选择极少数核心观念，并将其转化为制度。因此，可以将观念视作基因，将制度视作表型（phenotype），并用"变异—选择—遗传"机制来解析制度变迁的过程。观念的产生对应于变异，政治动员和权力斗争对应于选择，规则的制定、合法化、稳定化和复制对应于遗传（唐世平，2016）。

　　根据以上机制，制度变迁的过程可分为五个阶段：首先，产生关于特定制度安排的观念；其次，对这些观念进行动员；然后，争夺设计和强制规定特定制度安排的权力；接着，制定规则；最后，合法化、稳定和复制。

　　我国高职教育的内涵建设始于 2005 年，并经历了以下发展阶段：初级建设阶段、政策生成生态系统时期、政策常态化时期、自 2019 年以来的深化改革新阶段。这些阶段的划分基于高职教育发展的主要矛盾变化及元政策变迁的宏观划分。

第二节　高职内涵建设初级阶段的政策演变

　　高等职业教育的内涵建设时期是指为了建设具有中国特色的高等职业教育并为地方经济建设服务而进行的一个发展阶段。在这个阶段，高等职业教育不再仅仅追求规模扩张，而是转向注重提高院校建设和人才培养质量的阶段。《决定》（国发〔2005〕35 号）明确指出要加强基础能力建设，努力提高职业院校的办学水平和质量。《中华人民共和国国民经济和社会发展第十一个五年规划纲要》（以下简称为《"十一五"规划纲要》）提出，"十一五"时期要提高高等教育质量，将高等教育发展的重点放在提高质量和优化结构上。这标志着高等职业教育发展已进入内涵建设阶段。

　　基于政策变迁的机制，本研究将高职内涵建设初级阶段的政策演变划分为三个时期：

　　第一个时期是政策产生和动员阶段（2005—2009 年）。在这一时期，新观念关乎内涵建设的产生,并由政策发布部门开始动员大众接受这些新观念。

第二个时期是政策生成生态系统阶段(2010—2014 年)。在这个过程中,各部门根据内涵建设的元政策和基本政策,联动设计和规划具体政策。各项面向纲领性概念性的政策实施细则由上至下逐级制定和设计。

第三个时期是政策常态化阶段(2015—2018 年)。这是政策的成熟期,在这一时期,各类较为通用的实施细则得以制定,一些成功的实践经验和模式得以积累。这些政策所指向的课程管理活动合法化、稳定化,成为经典范例,并开始被复制和推广。越来越多的实践活动被加入这些典型模式的实施中,希望找到成功的路径。

一、新政的产生和动员:2005—2009 年

1. 以"示范校"为抓手:启动内涵建设

2005 年 10 月,国务院发布了《决定》(国发〔2005〕35 号),将发展职业教育视为经济社会发展的重要基础和教育工作的战略重点,旨在为社会主义现代化建设提供高素质劳动者和高技能专门人才。《决定》强调以就业为导向,深化职业教育教学改革,加强基础能力建设,提高职业院校的办学水平和质量,积极推进体制改革与创新,增强职业教育发展活力。同时,《决定》提出了建设 100 所示范性高等职业院校的目标,以进一步提高院校建设和人才培养的质量。

随后,2006 年 3 月 14 日,《"十一五"规划纲要》发布,强调高等教育发展的重点是提高质量和优化结构。教育部连续发布了《全面提高高等职业教育教学质量的若干意见》(教高〔2006〕16 号)、《国家示范性高等职业院校建设计划管理暂行办法》(教高〔2007〕12 号)和《高等职业院校人才培养工作评估方案》的通知(教高〔2008〕5 号),对于"示范校"的建设目标、任务、实施步骤等提出了具体要求。

在这一政策实施阶段,一批批"示范校"逐步确立,包括约 28 所第一批示范校、40 所左右的第二批示范校和 30 所左右的第三批示范校。主要完

成了以下任务：一是树立典范，通过建设"示范校"来推进学校的内涵建设；二是启动全国职业院校技能大赛，宣传培养成果。在这一阶段，新观念刚刚产生，因此通过树立典型来实施新观念，并通过举办全国比赛来寻找新观念的支持力量，也开展了政治动员工作。

在这一阶段，实施新观念的先行群体更容易获得财政资源和其他物质资源，也更容易得到政策制定部门的政治支持，成为政策发展阶段中的关键因素。他们的政策实施成功路径更容易影响下一阶段的政策推行路径模式的形成。在政策实施过程中，这些示范性职业院校的建设和发展成为全国职业教育改革的重要突破口和示范样本。同时，这些职业院校的办学水平、教学质量和人才培养能力也在逐步提高，为中国职业教育的快速发展奠定了坚实的基础。因此，这些示范性职业院校的成功经验和做法对于下一阶段的政策制定和推行具有重要的借鉴意义，也为我国职业教育的未来发展提供了有益的经验和启示。

2. 对高职院校课程管理的影响

这一阶段特别强调课程管理中课程实施的变革，从过去以学校和课堂为中心的模式转变为与企业紧密联系、与生产实习和社会实践紧密联系的课程管理模式。在这一阶段，高职课程的目标、内容、实施和评价都发生了改变。

课程目标和内容的改变推动高职课程管理思想的转变。高职课程管理以就业为中心和导向，强调根据市场和社会需求不断更新教学内容，合理调整专业结构，大力发展面向新兴产业和现代服务业的专业。同时，德育工作被放在首位，素质教育全面推进。

课程实施改革得以深化，在课程形式上进一步明确实践性，以加强对职业院校学生实践能力和职业技能的培养，推动工学结合和校企合作的培养模式。

坚持"以服务为宗旨、以就业为导向"的职业教育办学方针，意味着职业教育从计划培养向市场驱动转变，从政府直接管理向宏观引导转变，导向从传统的升学向就业转变。因此，课程实施与生产实践、技术推广、社会服务紧密结合，出现了订单培养的课程实施形式。同时，大力推进精品专业、精品课程和教材建设,加快建立弹性学习制度,逐步推行学分制和选修制。加强职业教育信息化建设,推进现代教育技术在教育教学中的应用。还高度重视实践和实训环节的教学。

在课程评价方面,将学生的职业道德、职业能力和就业率作为考核职业院校教育教学工作的重要指标。逐步建立具有职业教育特点的人才培养、选拔与评价的标准和制度。

二、新政生成生态系统:2010—2014 年

政策生态系统是一个由各组政策及其实现价值所构成的环境,它是一个动态平衡的系统。政策群指的是不同类别、不同层次且相互依存的各种政策,它们共同实现各自的价值。

1. 从示范校到骨干校:推进内涵建设

2010 年 7 月,《国家中长期教育改革和发展规划纲要(2010—2020年)》发布,对全国教育改革和发展具有纲领性指导作用。为了贯彻该纲要,教育部和财政部在同年 7 月提出了新增约 100 所骨干高职院校(简称为"骨干校")的计划,随后在 11 月发布了《关于确定"国家示范性高等职业院校建设计划"骨干高职院校立项建设单位的通知》(教高函〔2010〕27 号)。从示范校建设到骨干校建设,是高职教育内涵建设的持续推进,标志着对基础设施能力建设的重视向内涵建设转变,以加快建设现代职业教育体系。这一转变涉及校企合作机制、专业建设与人才培养模式改革、师资队伍与领导能力建设及社会服务能力建设等方面的变化。

2011 年,相关政府部门又相继出台了《关于充分发挥行业指导作用推进职业教育改革发展的意见》(教职成〔2011〕6 号)和《关于支持高等职业教育提升专业服务产业发展能力的通知》(教职成〔2011〕11 号)。这些政策文件强调了依靠行业指导充分发挥行业在职业教育中的作用,助力全面推进教育教学改革,同时加强了专业建设,深化了教育教学改革,为现代产业体系建设提供了充足的高端技能型专门人才。这也是教育类政策文件首次提出"产业"概念。

2012 年 11 月 8 日，党的十八大提出了"加快发展现代职业教育"的目标，进一步凸显了职业教育在国家发展中的地位。随后，2013 年 11 月 12 日，《中共中央关于全面深化改革若干重大问题的决定》从战略高度明确了我国未来一段时期发展现代职业教育的总体规划和重要方向，即"加快现代职业教育体系建设，深化产教融合、校企合作，培养高素质劳动者和技能型人才"（新华社，2013）。作为深化职业教育改革创新的逻辑主线，"产教融合、校企合作"贯穿于我国职业教育的顶层设计和实施中，成为战略趋势模式。

2014 年 5 月，国务院发布了《关于加快发展现代职业教育的决定》（国发〔2014〕19 号），全面部署了加快发展现代职业教育的任务。随后，2014 年 6 月，教育部等六个部门印发了《现代职业教育体系建设规划（2014—2020 年）》（教发〔2014〕6 号（以下简称为《规划》），促进了行业和专业的进一步融合发展，相互促进和提升。同年 8 月，教育部印发了《关于开展现代学徒制试点工作的意见》（教职成〔2014〕9 号）。

同时，这一阶段特别重视师资队伍建设，先后印发了一系列文件，为教师队伍的建设提供支持，配套推进高职内涵建设工作。2011 年 11 月，教育部、财政部印发了《关于实施职业院校教师素质提高计划的意见》（教职成〔2011〕14 号），教育部印发了《关于进一步完善职业教育教师培养培训制度的意见》（教职成〔2011〕16 号）。2012 年 8 月，国务院印发了《关于加强教师队伍建设的意见》（国发〔2012〕41 号），并于同年 10 月，教育部、财政部、人力资源和社会保障部、国务院国有资产监督管理委员会印发了《职业学校兼职教师管理办法》（教师〔2012〕14 号）。这些文件的出台进一步推进了我国职业教育教师队伍建设的深化和完善。其中，《关于加强教师队伍建设的意见》（国发〔2012〕41 号）提出了加强师德师风建设、加强教育教学能力提升、加强职业道德和实践能力培养等方面的任务，为教师队伍建设的深化提供了指导思想和政策支持。《职业学校兼职教师管理办法》（教师〔2012〕14 号）则规范了兼职教师的管理，加强了教师队伍的建设和管理，进一步提高了职业教育的教学质量。

这种动态的相互影响的政策体系构成了政策生态。在这一时期，高职内涵建设的具体路径越来越清晰。《关于实施职业院校教师素质提高计划的意见》(教职成〔2011〕14 号)被首先发布,提出了"提高职业院校教师素质"的意向,并规定了这项工作的指导思想、目标任务、实施原则、计划内容、项目经费、工作要求。其中,计划内容包括:①实施职业院校专业骨干教师培训项目(包括开展组织开展职业院校专业骨干教师国家级培训和职业院校专业骨干教师省级培训);②实施中等职业学校青年教师企业实践项目;③实施职业院校兼职教师推进项目;④实施职教师资培养培训体系建设项目。

《关于进一步完善职业教育教师培养培训制度的意见》(教职成〔2011〕16 号)随后发布,针对《关于实施职业院校教师素质提高计划的意见》(教职成〔2011〕14 号)的计划内容,提出了具体途径来完善职业教育教师培养培训制度,以提高职业院校教师素质。具体内容包括:①充分认识加强职业教育教师培养培训制度建设的紧迫性;②完善职业教育教师培养培训制度的指导思想和主要任务;③推进职业教育教师培养培训制度建设的主要措施;④构建校企合作的职业教育教师培养培训体系;⑤加强职业教育教师培养培训工作的领导和保障。其中,14 号政策涉及项目经费,由教育部和财政部共同发布,而 16 号政策由教育部单独发布,用于职业教育教师培养培训的管理。

国务院《关于加强教师队伍建设的意见》(国发〔2012〕41 号)是对教师队伍建设所有相关工作的纲领性指导文件,规定了:①加强教师队伍建设的指导思想、总体目标和重点任务;②加强教师思想政治教育和师德建设;③大力提高教师专业化水平;④建立健全教师管理制度;⑤切实保障教师合法权益和待遇;⑥确保教师队伍建设政策措施落到实处。

而《职业学校兼职教师管理办法》(教师〔2012〕14 号)是由教育部、财政部、人力资源和社会保障部联合发布的,旨在贯彻落实《国家中长期教育改革和发展规划纲要(2010—2020 年)》《决定》(国发〔2005〕35 号)和《关于加强教师队伍建设的意见》(国发〔2012〕41 号),进一步加强职业教育教师队伍建设,完善职业学校兼职教师聘用政策,强化职业教育实践教学环节,促进教师队伍结构优化。其内容包括总则、人员条件、聘请程序、组织管理和经费来源。

2. 对高职院校课程管理的影响

在当前阶段，高职院校的课程目标、内容、实施和评价都发生了变化，主要体现在以下几个方面：从纲领性到具体路径的转变，从方向性到精准靶向的调整，以及从较为单一到越来越多元化和多样化的转变。这些变化的政策为核心，结合各地具体的区域性计划或实施政策，使高职课程管理活动进入了规则制定的阶段。在政策产生和动员阶段，所有活动的具体目标、内容、实施过程和评价将被确定。

在课程目标方面，政策产生和动员时期，聚焦就业方向的目标被精准表述为职业教育要面向人人、面向社会。这不仅强调了课程管理活动要实现教育人才培养的根本功能，而且重视了其向社会提供人力资源的派生功能。

在课程内容方面，以德育工作放在首位、全面推进素质教育的上一时期被改为着力培养学生的职业道德、职业技能和就业创业能力。这对德育工作进行了精准界定，从广义转变为狭义，明确了德育不仅仅是泛指的德育，而是特指职业道德的培养。同时，进一步强调了培养高素质劳动者和技能型人才的重要性，提高了对课程内容如何适应经济发展方式转变和产业结构调整的要求。

在课程实施方面，从纲领性到具体路径的转变是实现课程目标的具体做法。从横向来看，课程实施采取了工学结合的实施形式、校企合作和顶岗实习等实施场景的人才培养模式。从纵向来看，课程实施实现了中等职业教育和高等职业教育之间的协调发展。与课程管理活动与外部环境的关系相比，职业教育被纳入经济社会发展和产业发展规划中，以保证职业教育规模、专业设置与经济社会发展需求相适应，并加强实训基地的建设。因此，课程管理也相应进行了调整。

在课程管理活动中，师资是至关重要的内部环境要素之一，对于职业教育的发展和改革具有重要的战略意义。在课程管理活动的内部环境要素"师资"方面，加强了"双师型"教师队伍的建设，提升了职业教育的基础能力；建立健全了技能型人才到职业学校任教的制度，完善了招聘、培训和评价机制,确保教师素质和数量的稳定性和可持续性;加强对教师的日常管理和考核评价,促进了教学质量和效益的提高。这些举措表现了对教师职业发展和晋升机会的重视,有助于建立健全教师职业生涯体系,旨在激发教师的工作热情和创新能力,不断提升职业教育的水平和质量。

在课程评价方面,首先,要建立健全职业教育质量保障体系,吸纳企业参与课程管理,从而使得评价具备精准的评价情境。其次,要采取一些具体的途径开展课程评价。其中,一是开展职业技能竞赛;二是制定促进校企合作办学的法规,推进校企合作制度化,制定优惠政策,鼓励企业接收学生实习实训和教师实践,同时鼓励企业加大对职业教育的投入;三是积极推进学历证书和职业资格证书"双证书"制度,推动职业学校专业课程内容和职业标准相衔接;四是完善就业准入制度,执行"先培训、后就业""先培训、后上岗"的规定,建立健全职业教育课程衔接体系,同时鼓励毕业生在职继续学习,完善职业学校毕业生直接升学制度,拓宽毕业生继续学习的渠道。最后,要引导高职院校开展终结性评价、形成性评价和诊断性评价相结合的课程评价,如开展职业技能竞赛和使用"双证书"对学生的学习结果进行评价,对去企业实习、实训的学生进行学习过程评价,进行招生改革评价新生已经形成的知识、能力和情感等发展状况。

三、新政的常态化:2015—2018 年

政策的常态化是指在政策系统经历生成、设计、制定和实践之后,政策所指导的实践活动被合法化和稳定化,成为实践行动的基础,并开始在更广泛的实践范围内被复制和普及。同时,一些成功的实践经验和模式逐渐形成,被越来越多的实践活动采纳和应用。在这个过程中,元政策和基本政策的理念深入人心,政策系统逐渐进入成熟阶段。

一旦政策生态系统中的元政策、基本政策和具体政策被制定完成,各部门将联合设计和规划系统可行的具体政策,这些具体政策便由上往下逐级制定。此时,政策系统进入成熟期,元政策和基本政策相关的理念也开始深入人心。这些政策的实施细则被用于实践元政策和基本政策,成为实

践行动的依据。同时,一些较为成功的实践经验和模式也随之出现。这些政策价值指向的课程管理活动因此合法化、稳定化,成为实践活动的基础,并开始在更广泛的实践边界被复制和普及。随着越来越多的实践加入这些典型模式的实施活动,它们的影响也日益扩大。

1. 聚焦主要问题:加速内涵建设

2015 年 10 月教育部印发《高等职业教育创新发展行动计划(2015—2018 年)》,这是落实和贯彻国务院《关于加快发展现代职业教育的决定》(国发〔2014〕19 号)和全国人大常委会职业教育法执法检查有关要求。这项任务和项目的明确目标是深入推进改革和发展的路线图,开启了高等职业教育创新发展的新篇章。在这一阶段,政策针对前几阶段的政策实践中突出的现代职业教育体系建设规划中的主要问题进行了进一步的研究,制定了相应的政策规定。

(1)深化产教融合问题

2017 年 12 月,为贯彻落实党的十九大精神,深化产教融合,全面提升人力资源质量,国务院办公厅印发《关于深化产教融合的若干意见》(国办发〔2017〕95 号),深化职业教育、高等教育等改革,发挥企业重要主体作用,促进人才培养供给侧和产业需求侧结构要素全方位融合,培养大批高素质创新人才和技术技能人才。具体内容包括:构建教育和产业统筹融合发展格局;强化企业重要主体作用;推进产教融合人才培养改革;促进产教供需双向对接;完善政策支持体系;组织实施。在这一时期,教育部与国家旅游局、国家邮政局、交通运输部、人力资源和社会保障部、工业和信息化部分别就共同培养旅游业、邮政业、交通运输业、制造业人才发布相关规定,指导相关院校与行业深入开展产教融合、校企共同育人。

同时,为了深化产教融合、校企合作,健全德技并修、工学结合的育人机制和多方参与的质量评价机制,教育部办公厅在 2019 年发布了《关于全面推进现代学徒制工作的通知》(教职成厅函〔2019〕12 号)。该通知旨在全面推广中国特色现代学徒制,采用政府引导、行业参与、社会支持、企业和职业学校双主体共同培养人才的方式①。自 2014 年教育部发布《关于开展现代学徒制试点工作的意见》(教职成〔2014〕9 号)以来,相关政策逐步完善。教育部办公厅 2015 年发布《关于公布首批现代学徒制试点单位的通知》(教职成厅函〔2015〕29 号),2017 年发布《关于公布第二批现代学徒制试点和第一批试点年度检查结果的通知》(教职成厅函〔2017〕35 号),2018年发布《关于公布第三批现代学徒制试点单位的通知》(教职成厅函〔2018〕41 号)。这些举措旨在全面推广中国特色现代学徒制,主要包括以下方面:引导行业、企业和学校积极开展学徒培养,落实招生招工一体化;建立标准体系;构建双导师团队;加强教学资源建设;推进培养模式改革和管理机制建设。在这个过程中,不仅需完成试点任务,还要推广成功经验。

(2)创新创业教育问题

创新创业相关的一系列政策相继发布。2015 年 5 月,国务院发布了《关于进一步做好新形势下就业创业工作的意见》,提出通过实施就业优先战略、推进创业带动就业、统筹安排高校毕业生等重点群体就业及加强就业创业服务和职业培训等四个方面的政策措施,将创业和就业紧密结合起来,以创业创新推动就业,解决就业总量压力和结构性矛盾。

同月,国务院办公厅发布了《关于深化高等学校创新创业教育改革的实施意见》(国办发〔2015〕36 号),提出通过完善人才培养质量标准、创新人才培养机制、健全创新创业教育课程体系、改革教学方法和考核方式、强化创新创业实践、改革教学和学籍管理制度、加强教师创新创业教育教学能力建设、改进学生创业指导服务以及完善创新创业资金支持和政策保障体系,到 2020 年建立健全课堂教学、自主学习、实践结合、指导帮扶、文化引领融为一体的高校创新创业教育体系。6 月,国务院发布了《关于大力推进大众创业万众创新若干政策措施的意见》(国发〔2015〕32 号),全面认识到推进大众创业和万众创新的重要意义,明确了推进工作的总体思路。该政

① 现代学徒制工作于 2014 年决定启动。2015 年,首批试点单位正式发布,工作正式启动。试点发布及年度检查工作的主要时间阈值为 2015 年至 2018 年。至 2019 年教育部发《关于全面推行现代学徒制工作的通知》(教职成厅函〔2019〕12 号),标志着该工作从试点阶段进入第二阶段,即全面推行阶段。因此,试点工作被纳入政策常态化阶段工作。

策措施包括创新体制机制以实现创业便利化、优化财税政策以加强创业扶持、激活金融市场以实现便捷融资、扩大创业投资以支持创业起步成长、发展创业服务以构建创业生态、建设创业创新平台以增强支撑作用、激发创造活力以发展创新型创业、拓展城乡创业渠道以实现创业带动就业、加强统筹协调以完善协同机制等多项措施。

2015 年 7 月，教育部发布了《关于深化职业教育教学改革全面提高人才培养质量的若干意见》（教职成〔2015〕6 号），明确了总体要求和基本原则，落实立德树人的根本任务，改善专业结构和布局，提升系统化培养水平，推进产教深度融合，强化教学规范管理，完善教学保障机制，并加强组织领导。国务院于 9 月发布了《关于加快构建大众创业万众创新支撑平台的指导意见》（国发〔2015〕53 号），内容包括把握发展机遇，汇聚经济社会发展的新动能；创新发展理念，着力打造创业创新的新格局；全面推进众创，释放创业创新的能量；积极推广众包，激发创业创新的活力；立体实施众扶，集聚创业创新的合力；稳健发展众筹，拓展创业创新的融资渠道；推进放管结合，营造宽松的发展空间；完善市场环境，夯实健康发展的基础；强化内部治理，塑造自律发展的机制；优化政策扶持，构建持续发展的环境。

2017 年 7 月，国务院发布了《关于强化实施创新驱动发展战略进一步推进大众创业万众创新深入发展的意见》（国发〔2017〕37 号），明确大众创业和万众创新深入发展作为实施创新驱动发展战略的重要载体，加快科技成果转化，拓展企业融资渠道，促进实体经济转型升级，完善人才流动激励机制以及创新政府管理方式等内容。

（3）高职院校内部治理问题

2015 年，教育部发布了《关于深入推进教育管办评分离促进政府职能转变的若干意见》（教政法〔2015〕5 号），其中包括推进教育管办评分离的重要意义和总体要求，推进依法行政，建立政事分开、权责明确、统筹协调、规范有序的教育管理体制，推进政校分开，建设依法办学、自主管理、民主监督、社会参与的现代学校制度，推进依法评价，建立科学、规范、公正的教育评价制度，并精心组织实施，确保推进教育管办评分离的各项任务得到有效落实。同年，教育部发布了《职业院校管理水平提升行动计划（2015—

2018 年)》(教职成〔2015〕7 号),其中包括总体要求、重点任务、保障措施和加强指导服务。

2017 年,教育部等五部门发布了《关于深化高等教育领域简政放权放管结合优化服务改革的若干意见》(教政法〔2017〕7 号),其中包括完善高校学科专业设置机制,改革高校编制及岗位管理制度,改善高校人才引进和用人环境,改进高校教师职称评审机制,健全符合中国特色现代大学特点的薪酬分配制度,完善和加强高校经费使用管理,完善高校内部治理,强化监管并优化服务。

(4)信息化建设问题

教育部 2015 年 1 月发布了《职业院校数字校园建设规范》(教职成函〔2015〕1 号),2016 年 6 月发布了《教育信息化"十三五"规划》(教技〔2016〕2 号),2017 年 8 月发布了《关于进一步推进职业教育信息化发展的指导意见》(教职成〔2017〕4 号),2018 年 4 月发布了《教育信息化 2.0 行动计划》(教技〔2018〕6 号)。同时,职业院校教学工作诊断与改进制度建立,教育行政部门开始加强事中事后监管,履行管理职责,改变了以往被迫接受评估检查的情况。

当一个新政策准备就绪时,其效果或适应度将在社会体系中得到检验。如果该政策符合大多数人的福利,或者大多数人已经接受了这项政策,那么这一轮政策变革就会结束。以 2019 年国务院发布的《国家职业教育改革实施方案》(国发〔2019〕4 号)(以下简称为《方案》,即"职教 20 条")为标志,我国进入了深化高职改革时期。

2. 对高职课程管理的影响

在政策常态化阶段,高职课程管理的主要影响是进入了具体政策时代。相比于政策产生和动员的元政策时代,以及政策生成生态系统的基本政策时代,常态化阶段的政策指导成功的课程管理实践经验和模式在更广泛的实践边界被复制和普及。教育元政策主要影响课程目标的制定,教育基本政策则主要影响课程面向区域性产业的宏观和中观内容,以及与之相匹配的课程实施和评价。而教育具体政策则主要影响课程面向区域性产业的中观和微观内容,以及课程实施和评价。

　　以创新创业教育问题相关的政策为例,说明教育基本政策和具体政策如何对课程内容、实施和评价产生影响。2010年,《国家中长期教育改革和发展规划纲要(2010—2020年)》发布,提出要大力发展职业教育,使得职业教育要面向人人、面向社会,着力培养学生的职业道德、职业技能和就业创业能力,从而确立了高职院校创新创业相关课程的课程目标。随后,一系列政策陆续发布,其中包括2015年国务院办公厅印发的《关于深化高等学校创新创业教育改革的实施意见》(国办发〔2015〕36号)。

　　这些政策从人才培养定位和创新创业教育目标出发,提出到2020年要建立健全课堂教学、自主学习、结合实践、指导帮扶、文化引领融为一体的高校创新创业教育体系。政策要求专业课程设置符合创新创业教育的目标要求,包括必修课和选修课的设置以及学分管理。政策的目的是建立逐步递进、有机衔接、科学合理的创新创业教育专门课程群,并进行相关"高水平"课程的信息化建设,建立在线开放课程的学习认证和学分认定制度,并组织编写相关重点教材。政策也对教学方法和考核方式做了具体的要求,要求高校广泛开展启发式、讨论式、参与式教学,扩大小班化教学覆盖面,推动教师向国际前沿学术发展、最新研究成果和实践经验融入课堂教学,注重培养学生的批判性和创造性思维,激发创新创业灵感。同时,政策还鼓励运用现代信息技术手段,如大数据技术,掌握不同学生学习需求和规律,为学生自主学习提供更加丰富多样的教育资源。在考核方式方面,政策要求改革考试考核内容和方式,注重考查学生运用知识分析、解决问题的能力,探索非标准答案考试,破除"高分低能"积弊。此外,政策还提倡教师采用多元化的评价方式,如学科竞赛、科研项目、实习实训、创新创业项目等,综合评价学生的综合素质和能力。

　　政策的常态化对高职课程管理产生了深远的影响,包括课程目标、课程设置、课程实施和考核方式等方面,这些影响促进了高职教育的质量和效益的提升,也有助于培养更多的高素质应用型人才,满足经济社会的需求。

第三节　高职内涵建设深化阶段的政策

2019 年 1 月,国务院《方案》(国发〔2019〕4 号)印发,这开启了高职内涵建设深化阶段工作。同年 4 月,"双高计划"建设启动,成为深化阶段启动的标志。

《方案》(国发〔2019〕4 号)提出,与发达国家相比,我国职业教育在建设现代化经济体系、建设教育强国的要求下仍存在一些问题,包括体系建设不够完善、职业技能实训基地建设有待加强、制度标准不够健全、企业参与办学的动力不足、有利于技术技能人才成长的配套政策尚待完善、办学和人才培养质量水平参差不齐等。为了解决这些问题,《方案》(国发〔2019〕4 号)规定了改革实施方案的总体要求和目标。其中提出了将职业教育摆在教育改革创新和经济社会发展更加突出的位置,实现更高质量更充分的就业需求,并在 5 到 10 年的时间内使职业教育基本完成从规模扩张向提高质量的转变,大幅提升新时代职业教育的现代化水平。这标志着我国高职内涵建设进入了深化阶段。

2005 年 11 月,以就业为导向的职业教育改革与发展逐渐成为社会共识,职业教育规模进一步扩大,其为经济社会提供服务的能力明显增强。然而,总体来看,职业教育仍然是我国教育事业中的薄弱环节,发展不平衡,投入不足,办学条件相对较差,办学机制及人才培养的规模、结构和质量尚不能满足经济社会发展的需求。为了进一步贯彻落实《中华人民共和国职业教育法》和《中华人民共和国劳动法》,适应全面建成小康社会对高素质劳动者和技能型人才的紧迫需求,推动社会主义和谐社会的建设,国务院发布了《决定》(国发〔2005〕35 号)。

2019 年 1 月,社会已经充分认识到职业教育与普通教育是两种不同类型的教育,并且它们具有同等重要的地位。人们认识到,自改革开放以来,职业教育为我国经济社会发展提供了有力的人才和智力支持,为全面构建现代职业教育体系、提升服务经济社会发展能力和社会吸引力提供了有利条件和良好基础。随着我国进入新的发展阶段,产业升级和经济结构调整加快推进,各行各业对技术技能人才的需求变得越来越迫切,职业教育的重要地位和作用日益凸显。然而,当前阶段职业教育面临一些问题,包括体系建设不够完善、职业技能实训基地建设亟须加强、制度标准不够健全、企业参与办学的动力不足、有利于技术技能人才成长的配套政策尚待完善以及办学和人才培养质量参差不齐等。为了深化改革、建设现代化职业教育,国务院发布了《方案》(国发〔2019〕4号),标志着高职内涵建设进入深化阶段的开端。

2019年4月,教育部和财政部发布了《关于实施中国特色高水平高职学校和专业建设计划的意见》(教职成〔2019〕5号),并于12月公布了《关于中国特色高水平高职学校和专业建设计划建设单位名单的通知》(教职成函〔2019〕14号),标志着高职"双高计划"正式启动建设。与国家的"示范校"和"骨干校"建设项目相比,"双高计划"有着明显的区别。该计划不仅选择几个重点专业作为建设载体,同时还包括学校自选子项目,通过进行"一加强、四打造、五提升"等10个方面的全面建设任务,全面推进高职院校的内涵建设,实现从"点"到"面"的转变,进入高职内涵建设的深化阶段。

在这一阶段,主要工作包括发布与该计划相关的基本政策和具体政策,并展开相应的动员工作。

1. 建设"双高计划":深化内涵改革

2019年,国务院发布了《方案》(国发〔2019〕4号),提出了在5年至10年时间内,从追求规模扩张向提高质量转变的总体目标,以及建设50所高水平高等职业学校和150个骨干专业(群)的具体目标。这为高职院校的课程管理指明了新阶段的工作方向。为了贯彻实施该方案,主要工作涵盖以下几个方面。

完善课程管理制度:加强对课程设置、教材编写、教学方法等方面的规范和指导,以提高教学质量和实践能力。优化课程结构:调整和优化课程结构,提高专业课程与实践环节的紧密度,确保培养出符合市场需求的高素质人才。强化教师培训与评价:加强教师培训,提升他们的教学水平和专业素养,同时建立科学的教师评价机制,激励教师的教学研究和创新能力。推动产学研结合：积极促进高职院校与企业、行业、科研机构等的合作，推动产学研结合，提升教学内容与实际需求的匹配度。强化质量监控与评估：建立健全高职院校的质量监控和评估机制，加强对教学质量、学生综合素质等方面的监测和评估，确保教育质量的持续改进。

通过以上几个方面的工作，推动高职院校在课程管理方面迈向新的阶段，提高教育质量和培养质量，以适应社会的需求和发展。同时，着重以下面几项工作为抓手，推动内涵建设继续深化。

(1)百万扩招为高职教育内涵建设注入了新的活力

2019年是高职教育"双高计划"实施元年，同时也是高职百万扩招的第一年。百万扩招和高职内涵建设有着密切的关系。百万扩招为高职教育内涵建设注入了新的活力，推动了高职教育的改革和发展。在百万扩招的过程中，各地高职院校积极探索，加强内涵建设，提升教育质量，推进人才培养模式创新，为实现高质量发展奠定了坚实基础。

为了贯彻落实2019年《政府工作报告》中关于高职扩招100万人的要求，国务院常务会议于2019年4月讨论通过，随后教育部等六个部门于5月发布了关于《高职扩招专项工作实施方案》的通知(教职成〔2019〕12号)。根据这一方案，2019年高职院校开始实施扩招，扩招人数为100万人。而在2020年和2021年，高职继续扩招，扩招人数增至200万。扩招工作具体为：扩大招生计划，确保足够的招生名额；开展高职扩招的补报名工作，确保招生程序的顺利进行；组织好高职扩招专项考试工作，对招生考试进行合理安排；做好招生录取工作，确保招生程序的公平和透明；加强分类教育管理工作，满足扩招对象多元化的需求；推动教师教材教法改革，提升高职教育的教学质量；加强就业服务，为扩招学生提供更好的就业机会和服务；加大财政投入，确保高职教育的持续发展。这一系列工作不仅对高职教育教学管理工作提出了新的要求，同时也为双高校建设带来了新的机遇和挑战。

(2)"1＋X"证书提升高职教育质量和学生就业能力

为了深化复合型技术技能人才的培养和评价模式改革，提高人才培养质量，2019年4月，教育部、国家发展改革委、财政部、市场监管总局联合印发了《关于在院校实施"学历证书＋若干职业技能等级证书"制度试点方案》。该方案旨在推行"学历证书＋若干职业技能等级证书"(简称为"1＋X"证书)制度试点工作。首批试点涵盖建筑工程技术、信息与通信技术、物流管理、老年服务与管理、汽车运用与维修技术等五个领域的职业技能等级证书,包括建筑信息模型(BIM)职业技能等级证书、Web 前端开发职业技能等级证书、物流管理职业技能等级证书、老年照护职业技能等级证书、汽车运用与维修职业技能等级证书和智能新能源汽车职业技能等级证书。该试点工作与专业建设、课程建设、教师队伍建设等密切结合,推动"1＋X"证书与学历的有机衔接,提升职业教育质量和学生就业能力。

为解决在院校实施"1＋X"证书制度试点过程中的突出问题,2020 年 8 月,教育部办公厅等四个部门发布了《关于进一步做好在院校实施"1＋X"证书制度试点有关经费使用管理工作的通知》。通知结合教育部办公厅发布的《关于落实在院校实施的职业技能等级证书考核成本上限设置方案及相关说明的通知》(教职成厅函〔2020〕11 号),以及教育部、人力资源和社会保障部等十四个部门印发的《职业院校全面开展职业培训促进就业创业行动计划》(教职成厅〔2019〕5 号)和《国务院办公厅关于进一步调整优化结构提高教育经费使用效益的意见》(国办发〔2018〕82 号),进一步强化主体责任,加强沟通协商,完善相关政策,健全工作机制,创新工作方式,确保"1＋X"证书制度试点工作健康有序推进。

(3)通过培育"双师型"教师队伍实现高职内涵建设

建设高素质的"双师型"教师队伍,可为新时代国家职业教育改革提供关键支持。其中,高职内涵建设是加快推进职业教育现代化的基础工作之一,而建设高素质的"双师型"教师队伍则是实现高职内涵建设的重要途径之一。

根据《方案》(国发〔2019〕4 号)的决策部署,为了打造一批高水平的职业院校教师教学创新团队,示范引领高素质的"双师型"教师队伍建设,深化职业院校教师、教材、教法的改革,2019 年 5 月,教育部印发了《全国职业院校教师教学创新团队建设方案》(教师函〔2019〕4 号)。该方案旨在打造360 个满足职业教育教学和培训实际需要的高水平、结构化的国家级团队。

通过高水平学校的领衔作用和高层次团队的示范引领,教师的教学、培训和评价能力将全面提升,教师将按照国家职业标准和教学标准开展工作,实施模块化教学的分工协作模式,辐射带动全国职业院校加强高素质的"双师型"教师队伍建设,为提高复合型技术技能人才培养质量提供强有力的师资支持。

在8月,教育部发布了《关于公布首批国家级职业教育教师教学创新团队立项建设单位和培育建设单位名单的通知》(教师函〔2019〕7号),确定了首批国家级职业教育教师教学创新团队立项建设单位120个,以及国家级职业教育教师教学创新团队培育建设单位2个。

与新时代国家职业教育改革的新要求相比,职业教育教师队伍存在多个问题,包括数量不足、来源单一、校企双向流动不畅、结构性矛盾突出、管理体制机制不灵活以及专业化水平偏低等方面的问题。缺乏同时具备理论和实践教学能力的"双师型"教师和教学团队已经成为限制职业教育改革发展的主要瓶颈。为了贯彻落实《中共中央　国务院关于全面深化新时代教师队伍建设改革的意见》和《方案》(国发〔2019〕4号),突破这一瓶颈,教育部等四个部门在9月印发了《深化新时代职业教育"双师型"教师队伍建设改革实施方案》(教师〔2019〕6号)。同时,在10月,四个部门还发布了《关于公布首批全国职业教育教师企业实践基地名单的通知》(教师函〔2019〕9号),确定了中国通信服务股份有限公司等企业为首批全国职业教育教师企业实践基地,以发挥企业在职教师资队伍建设中的重要作用,推动深化产教融合、校企合作工作,加快建设新时代高素质的"双师型"教师队伍。这也是教育部等七个部门印发的《职业学校教师企业实践规定》的通知(教师〔2016〕3号)相关工作的后续发展。

(4)其他

为了加快构建高校思想政治工作体系,努力培养担当民族复兴大任的时代新人,培养德智体美劳全面发展的社会主义建设者和接班人,教育部等八个部门于2020年4月发布了《关于加快构建高校思想政治工作体系的意见》(教思政〔2020〕1号)。该意见的目标是健全立德树人的体制机制,将立德树人贯穿于思想道德、文化知识、社会实践教育的各个环节,同时贯通学科体系、教学体系、教材体系和管理体系，加快构建目标明确、内容完善、标准健全、运行科学、保障有力、成效显著的高校思想政治工作体系。

为了在信息化建设方面推动发展"互联网＋职业教育"，规范和引导职业院校在新形势下的信息化工作，贯彻中共中央和国务院印发的《中国教育现代化 2035》和《加快推进教育现代化实施方案（2018—2022 年）》的要求，教育部于 2020 年 6 月发布了《职业院校数字校园规范》的通知（教职成函〔2020〕3 号）。该通知旨在通过制定标准规范，促进教育信息化支持和引领教育现代化发展，指导全国各高等学校充分利用云计算、大数据、物联网、移动互联网、人工智能等技术，不断改善学校办学条件，营造网络化、数字化、智能化、个性化、终身化的教育教学环境。这一举措是对《方案》（国发〔2019〕4 号）、《教育信息化"十三五"规划》（教技〔2016〕2 号）和《教育信息化 2.0 行动计划》（教技〔2018〕6 号）工作的延续和深化。此外，教育部于 2021 年 3 月还发布了关于《高等学校数字校园建设规范（试行）》的通知（教科信函〔2021〕14 号），进一步推动信息技术与教育教学深度融合，提升高等学校信息化建设与应用水平。

在本科层次职业教育方面，为了进一步规范和完善本科层次职业教育专业设置管理，引导高校依法依规设置专业，经由 2020 年 4 月教育部《关于组织开展本科层次职业教育试点专业设置论证工作的通知》研讨论证，教育部办公厅日前印发《本科层次职业教育专业设置管理办法（试行）》（教职成厅〔2021〕1 号）。

2020 年 8 月，为贯彻国家有关战略要求，落实国务院办公厅《关于深化产教融合的若干意见》（国办发〔2017〕95 号）和教育部、工业和信息化部发布了《中国工程院关于加快建设发展新工科，实施卓越工程师教育培养计划 2.0 的意见》（教高〔2018〕3 号）等文件精神，推进现代产业学院建设工作，教育部、工业和信息化部印发了《现代产业学院建设指南（试行）》的通知（教高厅函〔2020〕16 号）。

为了办好公平、高质量且具有特色的职业教育，提升质量，培养优秀人才，增加价值，推动职业教育的现代化进程，更好地支持我国经济社会的可持续健康发展，教育部等九个部门于 2020 年 9 月联合发布了《职业教育提质培优行动计划(2020—2023 年)》的通知(教职成〔2020〕7 号)。该行动计划的目标是通过建设,使职业教育与经济社会发展需求更紧密地对接,与人民群众的期望更加契合,与我国的综合国力和国际地位更加匹配,使中国特色的现代职业教育体系更加完备、制度更加健全、标准更加完善、条件更加充足、评价更加科学。教育部于 2021 年 1 月发布了关于公布《职业教育提质培优行动计划(2020—2023 年)》任务(项目)承接情况的通知(教职成司函〔2021〕1 号),确定了本地拟承接的任务(项目)数量、承接单位及支持经费等内容。

为加强职业教育国家教学标准体系建设,贯彻职业教育专业动态更新要求,推进专业升级和数字化改造,教育部在 2021 年 3 月对职业教育专业目录进行了全面修订,形成并发布了《职业教育专业目录(2021 年)》(教职成〔2021〕2 号)。

在推进课程思政示范课程、教学名师、教学团队和教学研究示范中心的建设工作方面,为了深入贯彻习近平关于教育的重要论述和全国教育大会精神,贯彻中共中央办公厅、国务院办公厅《关于深化新时代学校思想政治理论课改革创新的若干意见》,教育部于 2020 年 6 月印发了《高等学校课程思政建设指导纲要》(教高〔2020〕3 号)。另外,教育部办公厅于 2021 年 3 月发布了《关于开展课程思政示范项目建设工作的通知》(教高厅函〔2021〕11 号)。

2. 对高职课程管理的影响

本阶段的元政策和基本政策对课程目标、课程内容、课程实施和评价等方面产生了一定的影响,主要体现在以下两个方面:

首先,推进职业教育国家标准的构建。这一方面通过完善教育教学相关标准,促进了课程管理工作与专业设置和产业需求的对接,以及课程内容与职业标准、教学过程与生产过程的对接。例如,实施教师和校长的专业标准,提升了职业院校教学管理和教学实践能力。此外,制定了专业目录、专业教学标准、课程标准、顶岗实习标准和实训条件建设标准(包括仪器设备配备规范),对课程管理实践工作进行了规范。同时,启动了"1+X"证书制度试点工作,加快推进职业教育国家的"学分银行"建设,使课程管理面向新的教育需求,旨在为学生获得学历证书的同时积极取得多类职业技能等级证书，为学历证书和职业技能等级证书所体现的学习成果的认定、积累和转换提供有序的服务。

其次，促进产教融合，实现校企"双元"育人。我们坚持知行合一、工学结合的原则，总结现代学徒制和企业新型学徒制试点的经验，及时将新技术、新工艺、新规范纳入教学标准和教学内容，加强学生的实习和实训，建立健全专业设置的定期评估机制。我们推动校企全面加强深度合作，将课程管理与技术创新、就业创业、社会服务、文化传承等方面相互支撑。同时，我们努力打造一批高水平的实训基地，提升课程实施的硬件条件，为学生获得职业技能等级证书和企业提升人力资源水平提供有力支持。此外，我们采取多种措施来打造"双师型"教师队伍，进一步明确内涵建设的深化阶段，明确专业教师的就业和执业要求。

第四章　高职院校课程管理的整体实践

　　研究高职院校课程管理领域的知识发展过程,可以帮助完善学科理论体系并促进学科的发展。相关文献记录了高职院校课程管理实践的演化和结果。具体而言,高职课程管理实践者进行了显性管理活动,包括对课程目标、内容、实施和评价的管理,并进行了梳理和反思。同时,基于对高职院校课程价值的科学认知,实践者也对课程活动的实践过程和结果进行了关于功能效度的梳理和反思,即在有限的课程资源条件下,厘清课程目标实现的效率程度,进行了隐性管理活动。这些文献资料记录了显性和隐性管理活动,无论是记录显性管理活动还是反映隐性管理思想,都对本研究的目的和意义具有重要价值。

第一节　浙江的"高水平"高职院校和一般高职院校

　　为了研究高职院校课程管理实践的权变情况,并了解其演变过程与教育政策的关系,可以通过分析这些情况,对现有的管理实践成果进行研究和评估,形成科学的认识和成功的经验。为达到这一目标,需要选择适合的案例,收集相关数据,并进行分类和对比分析。

1. 三个抽样原则

　　案例选择是进行理论建构的重要环节之一。在选择案例时,应采用理论抽样方法,即根据理论需要而不是统计抽样标准进行选择[1](Glaser & Strauss,1967)。案例的选择应遵守典型性和聚焦性原则。典型性意味着案例能够复制先前案例的发现,或者能够扩展新兴理论,或者能够提供填补理论分类的实例(Eisenhardt,1989;Yin,2017)。为确保案例的典型性和样本的饱和度,本研究将根据以下原则进行案例选择:

首先,案例必须在我国高职内涵建设阶段进行课程权变管理活动;

其次,案例在我国高职内涵建设中具有典型的代表性,即具有建设性的龙头高职院校或具有典型成功经验的高职院校;

最后,案例数据必须充足且可获取,这要求案例高职具有较长的办学历史。

在高职内涵建设深化阶段,根据《教育部 财政部关于实施中国特色高水平高职学校和专业建设计划的意见》(教职成〔2019〕5号)和《中国特色高水平高职学校和专业建设计划项目遴选管理办法(试行)》(教职成〔2019〕8号),"双高计划"名单得以确立。这些计划是落实《方案》(国发〔2019〕4号)的"先手棋",而"中国特色高水平高职学校"则是本阶段的建设龙头高职。项目学校必须按照备案的建设方案和任务书进行建设,并接受教育部和财政部的项目绩效评价。

因此,根据案例筛选原则中的第一条和第二条,我们选择了"中国特色高水平高职学校"作为"高水平"高职院校的案例,选择"非'双高计划'"高职作为一般高职院校的案例。

2. 确定浙江省为研究视域

本研究选择浙江省作为研究视域具有以下三个方面的考虑:

首先,浙江省在高职教育领域取得了显著成绩,包括办学条件、师资队伍、招生就业和课程建设等方面。这些成绩值得我们深入研究和阐明。

其次,浙江高职院校在课程管理实践中采用了权变管理,这种管理方式具有明显的区域适应性,值得我们深入探讨和研究。例如,早在2013年12月9日,教育部就同意宁波设立国家职业教育与产业协同创新试验区;

---

[1] 即采用理论抽样,而非随机抽样。具体来说,就是制定案例抽样的选择标准和原则,聚焦具有理论意义的有用案例。

2020 年 12 月 11 日,教育部和浙江省政府在杭州签署了《协同推进温台职业教育高地建设框架协议》,并于 2021 年 1 月 29 日联合发布了《关于推进职业教育与民营经济融合发展助力"活力温台"建设的意见》。通过国家、省、市三级的推动,温台职教创新高地得到建设。

最后,浙江省有多所高水平高职学校入选中国特色高水平高职学校建设单位,这些学校的经验和成果对我们的研究具有积极的借鉴和启示作用,值得我们深入剖析和研究。2019 年 12 月,教育部、财政部公布了中国特色高水平高职学校和专业建设计划建设单位名单,其中有 56 所学校获评高水平学校建设单位,包括浙江省的 2 所 A 档学校、3 所 B 档学校和 1 所 C 档学校(表 4-1)。

表 4-1　浙江省"双高计划"建设单位名单

名称	序号	学校	专业群名称	类别
中国特色高水平学校建设单位	1	金华职业技术学院	机械制造与自动化、学前教育	A
	2	浙江机电职业技术学院	机械制造与自动化、智能控制技术	A
	3	杭州职业技术学院	电梯工程技术、服装设计与工艺	B
	4	宁波职业技术学院	应用化工技术、模具设计与制造	B
	5	浙江金融职业学院	金融管理、国际贸易实务	B
	6	温州职业技术学院	鞋类设计与工艺、电机与电器技术	C
中国特色高水平专业群建设单位	1	浙江建设职业技术学院	工程造价	A
	2	浙江交通职业技术学院	道路桥梁工程技术	B
	3	浙江经济职业技术学院	物流管理	B
	4	浙江经贸职业技术学院	电子商务	B
	5	浙江旅游职业学院	导游	B
	6	浙江工贸职业技术学院	光电制造与应用技术	C
	7	浙江警官职业学院	刑事执行	C
	8	浙江商业职业技术学院	电子商务	C
	9	浙江艺术职业学院	戏曲表演	C

3．案例描述

本研究的案例共包括浙江省的 12 所高职院校。我们将浙江省的 6 所"中国特色高水平高职学校"作为"高水平"案例，同时，为了对比研究，我们选择了同样数量的浙江省非高水平高职院校[①]作为一般案例。

(1)"高水平"案例高职院校

目前，浙江省共设有 51 所独立设置的高职院校[②]。截至 2019 年，有 15 所高职院校成为"双高计划"的建设单位[③]，其中包括 6 所中国特色高水平高职学校。基于这些情况，我们选择了这 6 所高职学校作为典型的"高水平"案例高职院校，以进行课程管理实践的研究。这些高职学校都具有较长的办学历史，且高职办学历史均超过 20 年。以下是选定的 6 所高职学校：

金华职业技术学院[④]，创办于 1994 年，1998 年成立高职；

浙江机电职业技术学院[⑤]，创办于 1952 年，1999 年筹办高职；

杭州职业技术学院[⑥]，创办于 1959 年，1998 年筹办高职；

宁波职业技术学院[⑦]，作为高职，成立于 1999 年；

浙江金融职业学院[⑧]，创办于 1975 年，2000 年筹办高职；

温州职业技术学院[⑨]，作为高职，成立于 1999 年。

(2)一般案例高职院校

浙江省共有 11 个市。除了浙江省入选"双高计划"建设单位的 15 所高职学校外，我们选择了浙江省内的其他 6 所高校作为一般案例，用于研究

[①]　非上述名单中的"高水平学校"且无"高水平专业群"。

[②]　根据《浙江省高等职业教育质量 2020 年度报告》，截至 2020 年，浙江省共有 51 所独立设置的高职院校(其中包括已停办全日制教育的校名保留校、筹办校和新的摘筹校，共计 3 所)。

[③]　其中，浙江建设职业技术学院、浙江交通职业技术学院、浙江经济职业技术学院、浙江经贸职业技术学院、浙江旅游职业学院、浙江工贸职业技术学院、浙江警官职业学院、浙江商业职业技术学院、浙江艺术职业学院被评为中国特色高水平专业群建设单位。

[④]　参见网址 https://www.jhc.cn/3811/list.htm。

[⑤]　参见网址 http://www.zime.edu.cn/xqzl/xyjj.htm。

[⑥]　参见网址 https://www.hzvtc.edu.cn/xxgk/xxjj.htm。

[⑦]　参见网址 https://www.nbpt.edu.cn/704/list.htm。

[⑧]　参见网址 http://www.zfc.edu.cn/xyjs.aspx?c_kind=11&c_kind2=12。

[⑨]　参见网址 https://www.wzvtc.cn/list/9.html。

课程管理实践。

入选"双高计划"建设单位名单的 15 所高职学校分别位于浙江省的杭州市（12 所）、金华市（1 所）、温州市（1 所）和宁波市（1 所）。浙江省的湖州市、嘉兴市、绍兴市、衢州市、丽水市、台州市和舟山市没有高职学校入选该名单。为了扩大研究视域的地域覆盖范围，我们选择了浙江省没有入选"双高计划"建设单位名单的地市的代表性学校①作为一般案例进行分析。这些学校分别于 1999 年、2000 年和 2002 年开始筹办高职，至今已有大约20 年的办学历史。此外，通过在 CNKI 中进行检索，我们发现这些学校在与"高职"和"课程"主题相关的期刊文献资料方面相对丰富。因此，我们可以充分获取这些案例的数据，确保案例的数据充足性和可获得性。这 6 所高职是：

衢州市的衢州职业技术学院②，2002 年成立高职；

湖州市的湖州职业技术学院③，1979 年创建，1999 年成立高职；

嘉兴市的嘉兴职业技术学院④，1950 年创建，1999 年筹建高职；

绍兴市的绍兴职业技术学院⑤，1999 年创建高职；

丽水市的丽水职业技术学院⑥，1910 年创建，2000 年成立高职；

台州职业技术学院⑦，1999 年筹建高职，2001 年成立高职。

至此，研究视域覆盖浙江省除舟山市以外所有地市⑧。

---

① 代表性学校指为政府主办，一般为市政府主办的高职学校，有别于行业办学高职学校和民办高职学校。
② 参见网址 https://www.qzct.net/xxjj/list.htm。
③ 参见网址 http://www.hzvtc.net.cn/c31/c4154/。
④ 参见网址 https://www.jxvtc.edu.cn/type/010131002.html。
⑤ 参见网址 https://www.sxvtc.com/xxgk/xxjj.htm。
⑥ 参见网址 http://www.lszjy.com/contents/12/4214.html。
⑦ 参见网址 https://www.tzvtc.edu.cn/1408/list.htm。
⑧ 舟山市只有一所高职院校：浙江国际海运职业技术学院。这是一所以航运类专业为龙头，以海洋装备制造、港贸物流、石油化工等专业（群）为主体，航海电子信息技术、现代海洋服务等专业（群）协调发展，海洋特色鲜明的公办高等职业技术学院。学校源于 20 世纪 80 年代的舟山水产学校、东海学院、定海职业学校，于 2004 年 2 月筹建，2006 年 2 月经浙江省人民政府批准、教育部备案正式成立，2009 年通过教育部高等职业院校人才培养工作评估。因为其筹办时间较短，且 CNKI 中，"高职"和"课程"主题相关的期刊文献只有 232 篇，较难采集信息，因此不作为一般案例高职院校开展研究。

4. 案例分析工具

传统的研究方法需要查阅该领域几乎所有的重要和主要文献，这种方式不仅烦琐和低效，而且容易受到个人主观意识的影响，很难覆盖到所有的相关文献。然而，在科学知识不断迭代的大数据环境下，我们可以利用文献计量的方法对文献进行量化，并结合质性分析和实证研究，以更科学和高效的方式形成认知。为了实现这一目标，本研究采用了 CiteSpace 软件和 R 语言作为文献计量和知识图谱分析工具。这些工具可以帮助我们对文献数据进行量化，并提供更全面的分析视角。

在文献计量技术方面，我们主要使用词频检测和共词聚类分析。在词频统计方面有两个重点：首先是检测那些频次低但变化频率高的主题关键词；其次是统计全文献的文本词频，以整理高频词。通过检测频次低但变化频率高的主题关键词，能够获得短期工作热点的演变情况。这种焦点的波动是课程管理实践中待观测的权变现象。而通过梳理高频词，能够获得长期工作热点的演变。这种焦点的波动不仅是课程管理实践中待观测的权变现象，也展现了高职院校课程管理的基本矛盾。

（1）工具介绍及分析流程

第一，引文数据可视化的分析软件 CiteSpace。

基于库恩（Kuhn，1962）对科学结构演进的观点和"改变看世界的方式"这一理念[①]，德雷赛尔大学计算机与情报学教授陈超美（Chomei Chen）开发了一款名为 CiteSpace（Citation Space，引文空间）的引文可视化分析软件，该软件使用 Java 语言编写。CiteSpace 是一种多元、分时和动态的工具，用于可视化分析引文数据。

CiteSpace 最早被称为 Star Naker 软件，在科学计量学（scientometrics）、数据和信息可视化（data and information visualization）背景下逐渐发展起来，通过可视化的手段来分析科学文献中蕴含的潜在知识，包括知识的结构、规律和分布情况，可以提供其他知识单元之间的共现

[①] 科学结构演进的主要观点是"科学研究的重点随着时间变化，有些时候速度缓慢（incrementally），有些时候会比较剧烈（drastically）"，科学发展是可以通过其足迹从已经发表的文献中提取的；CiteSpace 则基于"改变看世界的方式"这一理念设计而成。

分析功能,如作者、机构、国家/地区的合作等。通过此类方法分析得到的可视化图形被称为"科学知识图谱"(mapping knowledge domains,MKD)。

第二,数据分析的工具R语言。

R语言是一门用于统计学的编程语言,随着大数据的爆发,它成为数据分析的得力工具。它在许多领域提供服务,包括统计、教育、银行、电商和互联网等。

R语言源自S语言,是S语言的一个变种。S语言是由贝克尔(Becker,R.)、钱伯斯(Chambers,J.)等人在贝尔实验室开发的,该实验室还开发了著名的C语言和Unix系统。R语言与S语言具有基本相同的功能,支持各种主要计算机系统,由R语言核心团队进行开发,但软件包来源于全球的用户,是一种自由软件,具有免费和开放源代码的特点。它是一种完整的编程语言,基于函数和对象,可以自定义函数,并调用C、C++、Fortran等编译的代码。R语言具有丰富的数据类型,如向量、矩阵、因子、数据集和一般对象等。它强调交互式数据分析,支持复杂算法描述,并具有强大的图形功能。目前,R语言被广泛应用于统计科研工作者的计算和算法发表中。

第三,分析流程。

CiteSpace软件的使用主要涵盖数据下载、数据处理、数据分析和数据可视化等环节。在本研究中,我们按照图4-1所示的分析流程进行操作。

R语言的使用主要涵盖数据收集与无量纲处理、建立自定义词库和启动分词引擎、数据分析以及数据可视化等环节。在本研究中,我们按照图4-2所示的分析流程进行操作。

(2)工具与分析的适切性

文本挖掘是一种通过抽取有效、新颖、有用、可理解的有价值知识,并利用这些知识更好地组织信息的过程。作为信息挖掘的一个研究分支,文本挖掘旨在从文本信息中发现知识。它利用智能算法结合文字处理技术,对大量非结构化文本源(如文档、电子表格、客户电子邮件、问题查询、网页等)进行分析,提取或标记关键字、概念以及文字之间的关系,并根据内容对文档进行分类,以获取有用的知识和信息。

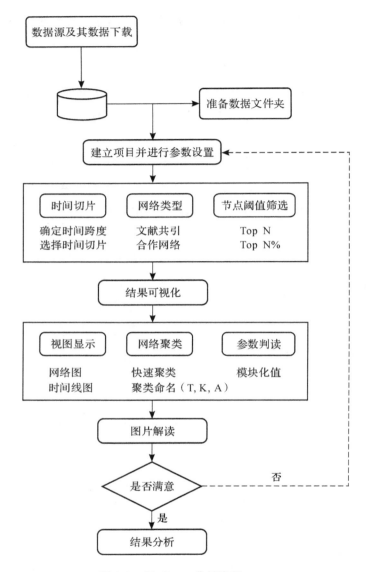

图 4-1　CiteSpace 分析流程

　　首先，本研究使用 R 语言和 CiteSpace 软件进行词频统计。

　　在文献的科学计量中，应该不仅关注高频词，还要关注频次低但变化频率高的词。因此，本研究利用 R 语言统计与研究主题相关的高频热词，并对文献全文进行词频统计。同时，利用 CiteSpace 检索低频但变化率高

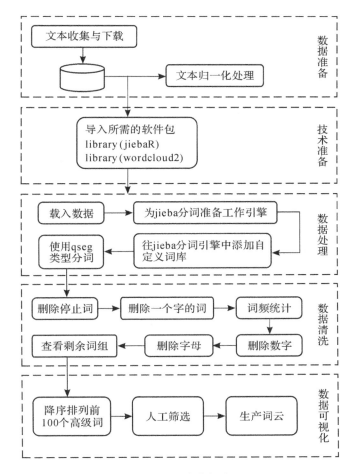

图 4-2　R 语言分析流程

的研究领域的阶段性热词,即突变词,并对文献的关键词进行统计。

　　为了进行突变词检测(burst detection),本研究使用基于 Kleinberg 算法(Kleinberg,2003;陈超美等,2009)的 CiteSpace 软件。该算法使用概率机原理进行建模,将状态定义为单个词语出现的频率,并将状态改变定义为词语在某个时间点附近发生的变化。同时,它还能够识别一段时间内流行的词汇或频次低但变化率高的"突发"词汇,即突变词,最后形成一个标注发生时间段的具有显著变化特征的突变词汇表。

　　使用 R 语言的 jiebaR 分词技术进行高频热词统计时,需要建立符合研究目的和意义的主题词库。主题词库的建立需要在普通词库和相关专业词库的基础上添加共时词库。为了及时将阶段性热词添加到历时词库中，需要使用 CiteSpace 的 Kleinberg 算法来获取这些阶段性热词。

其次，本研究还利用 CiteSpace 软件进行共词分析①。

共词分析（主题词）的基本原理是通过统计文献中词对或名词短语的共现情况，来反映关键词之间的关联强度，从而确定这些词所代表的学科或领域的研究热点、组成与范式，并横向和纵向分析学科领域的发展过程和结构演化。该方法的前提假设是：词对在同一篇文献中出现的次数越多，代表这两个主题的关系越紧密。因此，通过统计一组文献中主题词两两之间在同一篇文献中出现的频率，可以构建一个由这些词对关联所组成的共词网络，其中节点之间的距离反映了主题内容的相关程度。

最后，利用 CiteSpace 软件进行主题词聚类②和共词聚类分析。

在主题词聚类分析中，主题词根据它们在文献中的共现频率进行聚类，以确定它们之间的联系密切程度。将距离较近的主题词聚集在一起，形成相互独立且互斥的概念簇。每个主题词属于且仅属于一个簇，以实现簇内属性的相似性最大化，簇间属性的相似性最小化。这种方法是基于划分的聚类方法，简单且常用。常见的算法包括 k-means（k-均值）、k-medoids、k-prototype 等。在本研究中，采用了 k-means 算法，即 k 类中心聚类，通过计算样本点与类簇质心之间的距离，将与类簇质心相近的样本点划分为同一类簇。通过样本间的距离来衡量它们之间的相似度，两个样本距离越远，则相似度越低，反之相似度越高。同时，共词聚类分析也是利用 CiteSpace 软件进行的，该分析方法用于确定文献中主题词之间的关联关系，以形成主题词的共现网络。

---

① 即主题词的共现分析（Callon et al.，1986）。关于本研究中使用的共现分析中的共词分析，在第一章第二节"3. 国外研究焦点及演变"中已有说明。

② 本研究中，对主题词聚类，聚类数据是主题相关的文献的关键词。聚类（clustering）就是一种寻找数据之间内在结构的技术。聚类把全体数据实例组织成一些相似组，而这些相似组被称作簇。处于相同簇中的数据实例彼此相同，处于不同簇中的实例彼此不同。目前存在大量的聚类算法，算法的选择取决于数据的类型、聚类的目的和具体应用。聚类算法主要分为五大类：基于划分的聚类方法、基于层次的聚类方法、基于密度的聚类方法、基于网格的聚类方法和基于模型的聚类方法。本研究利用 CiteSpace 软件进行共词聚类分析，开展主题词聚类分析。

（3）工具的分析准备

统计全文献文本词频需要使用 R 语言，并建立自定义词库来启动分词引擎。

高频词的整理利用了 R 语言的 jieba 分词技术（stripdata 函数）。该过程包括对中文句子进行切分、去除停用词（stripword 函数），以及去除空格、换行符、标点符号等特定字符，最后进行词频统计。根据图 4-2 所示，这个过程包括为 jieba 分词准备工作引擎和添加自定义词库。jiebaR 是目前在 R 平台（R Studio①）上最优秀的中文分词工具。尽管该工具自带词库和停用词库，但对于不同行业的研究者来说，这些词库可能无法满足其研究需求。为了使用文本分析方法，需要将句子准确地切分，创建符合研究目的和意义的自定义词库，以使得统计出来的词汇具有本研究领域的观察意义。自定义词库的建立流程如下：首先，收集文本并导入文本数据库，建立文档子集。然后，在此基础上编辑 R 语言分词数据库的词库和停用词表，并将相关子集文本导入。最后，使用 jiebaR 包进行分词处理和词频统计。这一过程需要借助词频突变检测技术。

突变（burst）是指一个变量的值在短期内发生较大变化（陈超美，2012）。Kleinberg（2002）提出了突变词检测算法，能够识别一段时间内流行的词汇或频次低但变化率高的"突发"词汇，即突变词。这个算法的基本思想是观察在一定时间内词的突然变化情况，根据词的大量突然涌现判定一个新兴研究主题的产生。这些词的增长速度相对较慢，但突然出现迅速增长，并且趋势不断加强。这些突变的词可以揭示科技发展中更具及时性和情报价值的隐藏信息（Kleinberg，2002；魏晓俊，2007）。因此，通过对某个时间段内某个领域词频异常增多的词进行监测，可以找到该领域特有的历时专业词汇，这类词汇是建立自定义词库的最佳数据源。

使用词频突变检测技术来检测每个时间阈值的数据，并调整每个统计

---

① R studio 是 R 语言的一个可视化工具，可以通过图形界面让 R 语言的操作可视化。R 语言是一种纯代码的编译器。

阶段的突变检测参数 k[①]。k 值与 g 指数（g-index）[②]相关，用于决定是否纳入或排除更多的节点，具体关系为：$g^2 \leqslant k \sum_{i \leqslant g} c_i, k \in Z^+$。$k$ 值越大，图谱中出现的节点越多；k 值越小，图谱中出现的节点越少。

第一步：确定分词引擎自定义词库的源数据。

为了收集符合研究目的和意义的词汇，需要进行广度搜索，并将收集到的相关文献作为词库的源数据进行记录。这样可以确保自定义词库包含丰富的词汇，以满足高职院校课程管理研究的需求。为了确保源数据的学术性，我们利用 CNKI 作为数据源，并以关键词"高职"/"高等职业""课程"和"管理"进行检索。将所有条件设置为"AND"，即要求同时满足所有关键词。以 2005 年为起始时间阈值进行"主题"检索，获得相关文献共计6217 篇。将这些文献以"Refworks"格式导出，并剔除与研究主题无关的书评、征文启事和通知等材料，合并同义词。然后，按照以下四个时间阶段划分时间阈值，进行各个时间阈值下的突变词检索："2005 年 1 月 1 日至 2009年 12 月 31 日""2010 年 1 月 1 日至 2014 年 12 月 31 日""2015 年 1 月 1 日至 2018 年 12 月 31 日"和"2019 年 1 月 1 日至今"。

第二步：对源数据进行筛选和区分。

本步骤旨在进行突变词检索，以收集符合研究目的和意义的词汇，并建立自定义词库，从而对句子进行更精确的分词，以便进行文本分析。因此，只有去除与研究目的和意义不符的干扰性词汇，而不对其他词汇进行合并整理。收集到的相关文献将作为词库的源数据，以确保高职院校课程管理研究的广度搜索得以进行。

①时间阈值：2005 年至 2009 年

在本时间段内，共检索到 664 篇文献。调整 k 值为 100，并得到图 4-3中的 27 个突变词。本次检测中，设定了 gamma（γ-干扰素）值为 0.1。Strength[③] 阈值范围为 0.34 至 1.28。对于这些热点词，进行整理和分析。

---

① k 为规模因子，一般为 10、20、30……
② g-index 是软件的知识单元提取方式，该算法是在增加规模因子 k 的基础上，按照修正后的 g指数排名抽取知识单元。
③ Strength 代表强度，强度越高表示越是研究热点。

引用次数增长最快的前 27 个关键词

Keywords （关键词）	Year （年份）	Strength （强度）	Begin （起始）	End （截至）	2005—2009
信息管理	2005	1.25	2005	2009	
课程开发	2005	1.28	2005	2009	
选修课	2005	0.55	2005	2009	
应用	2005	0.89	2005	2009	
信息管理专业	2005	0.89	2005	2009	
经济管理	2005	1.73	2005	2009	
教学内容	2005	0.69	2005	2009	
专业建设	2005	0.34	2005	2009	
互动式教学	2005	1.05	2005	2009	
课程标准	2005	1.05	2005	2009	
管理会计课程	2005	1.05	2005	2009	
教学效率	2005	1.05	2005	2009	
物流管理人才	2005	1.05	2005	2009	
创新	2005	0.72	2006	2009	
思路	2005	0.84	2006	2009	
技能型教学	2005	0.57	2006	2009	
以人为本	2005	0.84	2006	2009	
教学研究	2005	0.84	2006	2009	
就业导向	2005	0.72	2006	2009	
人力资源管理程	2005	0.45	2007	2009	
建设	2005	0.67	2007	2009	
教学管理制度	2005	0.45	2007	2009	
整合	2005	0.45	2007	2009	
岗位课程	2005	0.68	2007	2009	
课程结构	2005	0.91	2007	2009	
师资建设	2005	0.45	2007	2009	
岗位能力	2005	0.68	2007	2009	

图 4-3　2005—2009 年时间段词频突变词汇

去除不符合研究目的和不体现研究意义的词语，包括"应用""创新"
"思路""建设"和"整合"。然后，从中获得本时间阈值词汇，包括："信息管
理""课程开发""选修课""信息管理专业""经济管理""教学内容""专业建
设""互动式教学""课程标准""管理会计课程""教学效率""物流管理人才"
"技能型教学""以人为本""教学研究""就业导向""人力资源管理课程""教
学管理制度""岗位课程""课程结构""师资建设"和"岗位能力"。这类词汇

将被添加到词库中。

②时间阈值：2010 年至 2014 年

在本时间阈值下，共检索到 2214 篇文献。通过调整 k 值为 100，得出图 4-4 中的 34 个突变词。由于文本量较大，本次检测中的 gamma（γ-干扰素）值设定为 0.3。而 Strength 阈值范围为 0.55 至 2.13。现对这些热点词进行整理。

为了确保研究目的和意义的一致性，我们排除了"应用""实践"和"旅游"，并获得以下本时间阈值词汇作为添加词库的内容："双师型""兼职教师""高职课程""师资队伍""实践教学体系""会计专业""典型工作任务""数据库""专业技能""改革思路""前厅服务与管理""教学研究""专业改革""教学目标""学习领域课程""师资队伍建设""经济管理类专业""创新能力""学分制""工作过程系统化""仓储管理""人文教育""案例教学""工学交替""教学质量""素质教育""高职课程体系""行动导向教学法""创业教育""职业岗位"和"教学体系"。

③时间阈值：2015 年至 2018 年

在本时间阈值下，共检索到 2190 篇文献。通过调整 k 值为 100，图 4-5 展示了 35 个突变词。由于文本量较大，本次检测使用了 gamma（γ-干扰素）值为 0.3。Strength 阈值的范围为 0.38 至 1.34。

我们对这些热点词进行了整理，去除了不符合研究目的和不体现研究意义的词，如"企业""存在问题""培养"和"研究"。以下是本时间阈值下的词汇列表："课程实践""采购管理""高职物流管理专业""公共基础课程""人力资源""实训教学""体系建设""五年一贯制""薪酬管理""课程定位""理实一体""就业导向""中高职贯通""项目化""工商企业管理专业""学分制""考核体系""人才培养方案""专本衔接""代理记账""基础课程""教学做一体化""旅游专业""会展策划与管理专业""安全教育""分层项目化""专业英语""ESP 课程""教学策略""专业建设"和"专业人才"。

④时间阈值：2019 年至今

本时间段共检索获得文献 1071 篇。调整 k 值为 100，并进行检测。由于文本量较多，我们选择 gamma（γ-干扰素）值为 0.3。经过检索发现，在

引用次数增长最快的前 34 个关键词

Keywords （关键词）	Year （年份）	Strength （强度）	Begin （起始）	End （截至）	2010—2014
双师型	2010	0.55	2010	2014	
兼职教师	2010	0.82	2010	2014	
高职课程	2010	1.37	2010	2014	
师资队伍	2010	0.82	2010	2014	
实践教学体系	2010	0.75	2010	2014	
会计专业	2010	1.07	2010	2014	
典型工作任务	2010	0.82	2010	2014	
数据库	2010	1.07	2010	2014	
专业技能	2010	10.55	2010	2014	
改革思路	2010	1.37	2010	2014	
前厅服务与管理	2010	1.10	2010	2014	
教学研究	2010	1.07	2010	2014	
专业改革	2010	0.55	2010	2014	
应用	2010	1.22	2010	2014	
教学目标	2010	1.07	2010	2014	
学习领域课程	2010	1.07	2010	2014	
师资队伍建设	2010	0.82	2010	2014	
经济管理类专业	2010	2.13	2010	2014	
创新能力	2010	0.75	2010	2014	
学分制	2010	1.12	2010	2014	
工作过程系统化	2010	0.64	2010	2014	
仓储管理	2010	0.96	2011	2014	
人文教育	2010	0.83	2011	2014	
案例教学	2010	0.93	2011	2014	
实践	2010	1.50	2011	2014	
工学交替	2010	0.70	2012	2014	
教学质量	2010	1.05	2012	2014	
素质教育	2010	0.87	2012	2014	
高职课程体系	2010	0.70	2012	2014	
行动导向教学法	2010	0.70	2012	2014	
旅游	2010	0.70	2012	2014	
创业教育	2010	0.87	2012	2014	
职业岗位	2010	0.70	2012	2014	
教学体系	2010	0.70	2012	2014	

图 4-4　2010—2014 年时间段词频突变词汇

引用次数增长最快的前 35 个关键词

Keywords （关键词）	Year （年份）	Strength （强度）	Begin （起始）	End （截至）	2015—2018
课程实践	2015	0.77	2015	2018	
采购管理	2015	0.77	2015	2018	
高职物流管理专业	2015	0.96	2015	2018	
公共基础课程	2015	0.38	2015	2018	
人力资源	2015	0.96	2015	2018	
实训教学	2015	1.34	2015	2018	
体系建设	2015	0.38	2015	2018	
五年一贯制	2015	0.38	2015	2018	
薪酬管理	2015	0.96	2015	2018	
企业	2015	0.65	2015	2018	
课程定位	2015	0.77	2015	2018	
理实一体	2015	0.77	2015	2018	
就业导向	2015	1.15	2015	2018	
中高职贯通	2015	0.38	2015	2018	
项目化	2015	0.53	2015	2018	
工商企业管理专业	2015	0.96	2015	2018	
存在问题	2015	0.77	2015	2018	
学分制	2015	0.77	2015	2018	
考核体系	2015	0.77	2015	2018	
人才培养方案	2015	0.77	2015	2018	
专本衔接	2015	0.38	2015	2018	
代理记账	2015	0.38	2015	2018	
培养	2015	0.77	2015	2018	
基础课程	2015	0.77	2015	2018	
教学做一体化	2015	0.77	2015	2018	
旅游管业	2015	0.96	2015	2018	
会展策划与管理专业	2015	0.42	2016	2018	
安全教育	2015	0.83	2016	2018	
分层项目化	2015	0.42	2016	2018	
研究	2015	1.04	2016	2018	
专业英语	2015	0.83	2016	2018	
ESP课程	2015	0.42	2016	2018	
教学策略	2015	1.25	2016	2018	
专业建设	2015	0.77	2016	2018	
专业人才	2015	0.42	2016	2018	

图 4-5　2015—2018 年时间段词频突变词汇

本时间阈值内，由于 Strength 阈值为 0.02 至 0.27，没有出现突变词。然而，为了获得尽可能多的阶段性热词作为源词汇，并将其添加到主题词库，以提高 jiebaR 对中文句子的准确切分，我们对符合研究目的和意义的词进行了整理，并准备将其添加到共时词库中，以供后续使用。此外，我们还选取了词频次数大于等于 20 的词，并绘制了突变检测结果（表 4-2）。

表 4-2　2019 年至今突变检索结果

词频	热度	关键词
165	0.12	人才培养
113	0.27	课程体系
85	0.23	课程改革
77	0.08	课程思政
70	0.07	教学改革
55	0.09	高职教育
51	0.13	财务管理
36	0.03	管理会计
35	0.11	课程教学
33	0.10	物流管理
29	0.15	现代学徒制
28	0.09	旅游管理专业
27	0.02	课程设置
25	0.06	教学模式
25	0.08	课程建设
24	0.07	会计
23	0.15	人力资源管理
20	0.03	专业课程

　　整理结果如下："人才培养""课程体系""课程改革""课程思政""教学改革""高职教育""财务管理""管理会计""课程教学""物流管理""现代学徒制""旅游管理专业""课程设置""教学模式""课程建设""人力资源管理"

"专业课程"。其中，由于"会计"不符合研究意义，故删除该词。

第三步：获取共时词库。

根据本节各个时间阈值的词频突变检索结果，合并相同词语"教学研究""就业导向""学分制"和"专业建设"，获得共时词库，按照首字汉语拼音字母顺序排列整理如下：

A "案例教学""安全教育"

C "创新能力""仓储管理""创业教育""采购管理""财务管理"

D "典型工作任务""代理记账"

E "ESP课程"

F "分层项目化"

G "高职课程""改革思路""工作过程系统化""工学交替""高职课程体系""管理会计课程""岗位课程""岗位能力""高职物流管理专业""公共基础课程""工商企业管理专业""高职教育""管理会计"

H "互动式教学""会展策划与管理专业"

J "兼职教师""教学研究""教学目标""经济管理类专业""教学质量""教学体系""经济管理""教学内容""教学效率""技能型教学""就业导向""基础课程""教学做一体化""教学策略""教学改革""教学模式"

K "会计专业""课程开发""课程标准""教学管理制度""课程结构""课程实践""课程定位""考核体系""课程体系""课程改革""课程思政""课程教学""课程设置""课程建设"

L "理实一体""旅游专业""旅游管理专业"

Q "前厅服务与管理"

R "人文教育""人力资源管理课程""人力资源""人才培养方案""人才培养""人力资源管理"

S "双师型""师资队伍""实践教学体系""数据库""师资队伍建设""素质教育""师资建设""实训教学"

T "体系建设"

W "物流管理人才""五年一贯制""物流管理"

X "学习领域课程""学分制""行动导向教学法""信息管理""选修课"

"信息管理专业""薪酬管理""项目化""现代学徒制"

Y "以人为本"

Z "专业技能""专业改革""职业岗位""专业建设""中高职贯通""专本衔接""专业英语""专业建设""专业人才""专业课程"

第四步：建立高职院校课程管理主题词库。

为了利用 jiebaR 技术进行分词提取和词频统计，需要建立适用于高职院校课程管理的主题词库。由于 jiebaR 的默认分词库主要包含常见日常用词，缺乏行业热词和专有名词的覆盖。例如，"现代学徒制"会被分为"现代"和"学徒制"两个词，无法准确表达研究的目的。因此，为了获得更精准的研究效果，我们通过添加自定义词库来更新原有词库。

首先，从搜狗词库上下载安装高职院校课程管理相关的专用词库，如图 4-6。

图 4-6　搜狗词库

随后，将词库进行转码。使用在线词库转换工具将词库文件转为"TXT"格式文件。最后，将通过对目标数据进行突变词频分析获得的共时词库导入，以完善自定义词库。利用 jiebaR 中支持的 cidian 程序包[①]代码，将词库导入并添加后生成新的词库，以替换原有的默认词库。

具体见自定义词库建立流程（图 4-7）。

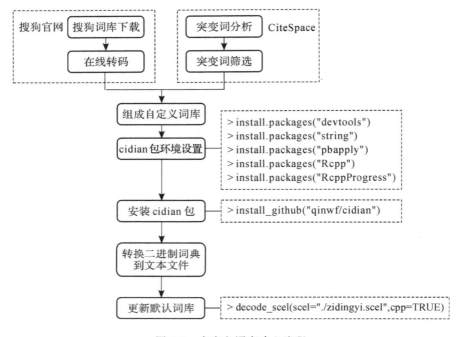

图 4-7　自定义词库建立流程

第二节　浙江高职院校的课程管理实践短期热点演变

在本节中，我们采用了文献计量技术，以检测变化频率较高但出现频次较低的主题关键词，并对其进行了聚类分析。在质性分析阶段，我们采用了基于泰勒原理的分析框架，从课程目标、课程内容、课程实施和课程评价 4 个方面进行了分析。通过比较该阶段的热门词和高职教育元政策以及基本政策，我们剖析了高职院校课程管理实践的阶段性权变情况，即高

---

① 　cidian 程序包是 jiebaR 的一个子程序包，用于处理自定义词典。

职院校的课程管理实践与高职教育元政策和基本政策执行情况之间的关系。

一、非受控关键词遴选及数据收集

在论文写作中,我们使用的是非受控关键词。在高职院校课程管理研究实践中,不同的研究者对同一概念的表达存在差异,而数据库的搜索算法对这些不同的表达不兼容,这就导致了"非受控词"的现象。通过调整关键词,我们可以提高对符合本研究目的和研究意义的文献的检索查全率和查准率。然而,本研究的目的是通过使用统一标准来搜索符合研究目的和研究意义的文献,并不需要穷尽所有可能对本研究有意义的文献,因为这是不必要且不可能的。

本节研究的目标是广泛收集与高职院校课程管理相关的研究文献,因此选取了关键词"高职"/"高等职业"(以下表述为"高职")①、"课程"和"实践"。为了达到这一目标,我们设置了不同的时间阈值以对应第三章高职院校课程管理实践政策环境发展的4个阶段:"2005年1月1日至2009年12月31日""2010年1月1日至2014年12月31日""2015年1月1日至2018年12月31日"和"2019年1月1日至今"。同时,我们选择了12所案例高职院校作为作者单位,设置所有检索条件之间使用逻辑运算符为"AND",以获取符合所有条件的主题搜索结果,进行广度查询。在整理文献时,我们去除了与研究主题无关的材料,如书评、征文启事和通知等。同时,我们还合并了同义词,以获得更全面的文献结果。具体的文献数量见表4-3。

---

① 由于论文的关键词具有非受控性,数据库中出现了用"高职"和"高等职业"这两种表述方式表达同一概念的情况。由于在高职院校课程管理研究实践中,广大研究者对于同一概念的表达有所区别,而数据库的搜索算法对这些不同的表达不兼容,因此出现这种现象。本节中用"高职"表述"高职"或"高职教育",本研究中用"高职"作为主题关键词检索的所有的文献,都包含"高职"和"高职教育"作为主题关键词检索的所有的文献。本研究旨在通过统一标准搜索符合研究目的和研究意义的文献,但没有穷尽所有可能对本研究有意义的文献。

表 4-3　CiteSpace 数据子集文献数量　　　　单位:篇

高职院校名称	起止年份			
	2005—2009	2010—2014	2015—2018	2019—
金华职业技术学院	82	130	79	48
浙江机电职业技术学院	45	48	39	39
杭州职业技术学院	34	58	55	35
宁波职业技术学院	27	62	53	28
浙江金融职业学院	36	99	46	40
温州职业技术学院	31	88	46	21
衢州职业技术学院	3	37	36	22
湖州职业技术学院	50	86	36	33
嘉兴职业技术学院	12	69	48	43
绍兴职业技术学院	0	44	58	19
丽水职业技术学院	20	38	18	13
台州职业技术学院	34	97	51	23

将这些文献以 Refworks[①] 格式导出。

按照时间阈值和案例高职院校的类型,合并案例数据,建立数据集。

根据"2005 年 1 月 1 日至 2009 年 12 月 31 日""2010 年 1 月 1 日至 2014 年 12 月 31 日""2015 年 1 月 1 日至 2018 年 12 月 31 日"和"2019 年 1 月 1 日至今"这 4 个时间阈值,对 6 所中国特色高水平高职学校相应时间段的数据进行归一化处理后,将它们合并成 4 个课程管理实践典型案例数据集,分别命名为 X1、X2、X3 和 X4。

类似地,根据上述 4 个时间阈值,对浙江其他 6 所高校的数据进行归一化处理,并将它们合并成 4 个课程管理实践一般案例数据集,分别命名为 Y1、Y2、Y3 和 Y4。

---

① Refworks 格式中包含论文标题、作者、关键词、摘要和来源等除文章文本以外的关键信息。本格式中并不包含参考文献。

二、词频突变检测及剖判

本节采用的是文献计量方法中的突变词检测技术,并结合泰勒原理作为分析框架。具体而言,我们使用 CiteSpace 工具进行主题突变分析,以关键词作为主题变量,并检测其在短期内发生的一次或多次显著变化。我们将研究粒度主要放在关键词的频次上[①]。关键词被视为承载主题概念的最小单元(魏晓俊,2007)。通过分析关键词的变化,我们可以从侧面动态地了解其所代表的研究主题的演变情况。在文献中,关键词的主题突变研究通常采用词频分析法、共词网络分析法、基于词频变化的突变检索分析法和基于短语差异的分析法(魏晓俊,2007)。而在本节中,我们主要采用基于词频变化的突变检索分析法进行研究。

本节使用 CiteSpace 软件的 Kleinberg 算法[②]对已建立的 8 个子集进行词频突变检测,以使 X 各集和 Y 各集的分析结果与该时间阈值的元政策和基本政策相匹配。我们进行案例高职课程实践权变整体情况分析。根据时间阈值,匹配 X 各集和 Y 各集的突变词检测结果,即实践工作关注焦点的检测结果,进行案例高职课程实践权变的具体情况对比分析。

在词频突变分析中,我们的对象是收集到的文献关键词,这些关键词是非受控的。由于不同学者受其科学认知的影响,他们可能会使用不同的术语或短语来描述同一事物。这些表达方式有时是专业术语,有时是短语。因此,我们需要对热词检索结果进行人工干预,合并专业术语的同类项或相似短语的同类项,并删除不符合研究目的和不具备研究意义的干扰词。

同时,在科学认知高职院校课程管理实践时,我们需要明确课程目标、

---

① 突变是指一个变量的值在短期内发生了一次或很多次很大的变化,研究粒度可以细化为引用、下载、关键词的频次。

② Kleinberg(2002)提出了突变检测算法。该算法关注频次低但变化率高的词(即突变词)。突变检测算法采用了概率机原理进行建模,定义状态对应单个词语出现的频率,状态改变对应词语在某个时间点附近发生的变化,最终随着时间的推移,形成一个具有显著变化的突变词汇表及其发生的时间段。

课程内容、课程实施和课程评价，这通常需要解释专业术语。专业术语通常以词组形式出现，它们概括了语言单位的全部内容和本质特征。通过分析多组合关键词，我们可以更好地了解高职院校课程管理实践的权变情况。

1．X1 和 Y1 数据集的检测结果和分析

（1）数据检测结果

X1 数据集共有文献 255 篇。调整 k 值为 100。检测结果见图 4-8。由图可知，X1 集中共有 12 个突变词。本次检测 gamma（γ-干扰素）值为 0.1。Strength 阈值为 0.45 至 1.56。

X1 集的热点词汇："工学交替""产学研结合""机械类专业""订单培养""职业能力""人才培养模式""双证制"[①]"素质教育""五位一体"[②]"能力本位""学分制""形成性考核"。其中"人才培养模式""双证制""素质教育"于 2006 年开始受到高职院校课程管理实践工作重视，"能力本位""学分制""形成性考核"于 2007 年开始成为高职院校课程管理实践工作热点。

经过研究小组[③]的论证和分析，我们得出结论：在 X1 集的热点词汇中，我们可以将"工学交替"和"产学研结合"进行合并，因为它们在课程实施中都强调了相似的具体情境和模式。由于"工学交替"更加突出以学生为主体的课程管理实践实施过程，而"产学研结合"相对更强调教师对"工学交替"的教学的反思和研究过程，为了聚焦课程实施管理实践，我们将它们合并为"工学交替"。同样地，"能力本位"和"职业能力"可以合并，因为它们都指明了课程的目的。在高职教育的情境中，"职业能力"的表述更加贴合实际情况，因此我们将它们合并为"职业能力"。另外，"工学交替"和"订单培养"都是"人才培养模式"的一种，存在隶属关系。因此，我们可以去掉"人才培养模式"这个词。

---

① 毕业证和职业资格证。现在改为"1＋X"证书，即毕业证和多本职业资格证。

② 高职院校根据自身管理实践总结的人才培养模式。

③ 为了兼顾分析结果的跨学科性和科学性，特成立研究小组，对具有符合突变特征的热点词汇进行论析。论析一般为三轮，基于泰勒原理，经过多学科视角讨论后，得出结论。为了集思广益，使得研究结论尽可能科学，且便于形成结论，研究小组人数为单数，包括一名高职课程研究领域的研究者、一名文本挖掘研究领域的研究者、一名管理研究领域的研究者。

引用次数增长最快的前 12 个关键词

Keywords （关键词）	Year （年份）	Strength （强度）	Begin （起始）	End （截至）	2005—2009
工学交替	2005	1.03	2005	2009	
产学研结合	2005	1.03	2005	2009	
机械类专业	2005	1.03	2005	2009	
订单培养	2005	1.03	2005	2009	
职业能力	2005	1.38	2005	2009	
人才培养模式	2005	1.56	2006	2009	
双证制	2005	0.77	2006	2009	
素质教育	2005	0.77	2006	2009	
五位一体	2005	0.77	2006	2009	
能力本位	2005	0.45	2007	2009	
学分制	2005	0.45	2007	2009	
形成性考核	2005	0.67	2007	2009	

图 4-8 "高水平"案例高职院校 2005 年至 2009 年工作热点

Y1 数据集共有文献 119 篇。调整 k 值为 100。检测结果见图 4-9。由图可知,X1 集中共有 3 个突变词。本次检测 gamma（γ-干扰素）值为 0.1。Strength 阈值为 0.57 至 0.85。

引用次数增长最快的前 3 个关键词

Keywords （关键词）	Year （年份）	Strength （强度）	Begin （起始）	End （截至）	2005—2009
职业技能	2005	0.85	2005	2009	
实验教学	2005	0.57	2007	2009	
教学创新	2005	0.57	2007	2009	

图 4-9 一般案例高职院校 2005 年至 2009 年工作热点

经过研究小组的剖析,我们发现 Y1 集的热点词汇包括"职业技能""实验教学"和"教学创新"。特别是从 2007 年开始,"实验教学"和"教学创新"成为高职院校课程管理实践工作的重点关注领域。

在进一步的分析中,我们认为 Y1 集的热点词汇中并没有可合并的项目。然而,可以将 Y1 集中的"职业技能"与 X1 集中的"职业能力"合并为"职业技能"一词。根据当代认知心理学的观点,知识可分为陈述性、程序性和策略性三类。在学生的认知学习过程中,技术属于程序性知识,而能力则属于策略性知识。由于"职业技能"包含了"职业能力"的概念，因此我们将它们合并为"职业技能"。

因此，X1集和Y1集所反映的高职院校课程管理实践热点包括："工学交替""机械类专业""订单培养""双证制""素质教育""五位一体""学分制""形成性考核""职业技能""实验教学"和"教学创新"。这些热点词汇反映了当前阶段高职院校课程管理实践的重点关注领域。

（2）检测结果分析

2005年至2009年是高职内涵建设初级阶段的政策制定和动员阶段。在这一阶段，相较于《国务院关于大力推进职业教育改革与发展的决定》（国发〔2002〕16号）中提出的"深化教育教学改革，适应社会和企业需求"的要求，《决定》（国发〔2005〕35号）提出了"坚持以就业为导向，深化职业教育教学改革"的要求。随后，根据《"十一五"规划纲要》强调高等教育发展的重点是提高质量和优化结构，教育部连续发布了关于《全面提高高等职业教育教学质量的若干意见》（教高〔2006〕16号）、《国家示范性高等职业院校建设计划管理暂行办法》（教高〔2007〕12号）和《高等职业院校人才培养工作评估方案》的通知（教高〔2008〕5号），高职课程的目标、内容、实施和评价发生了变革。这些变革使得X1集和Y1集中的热点词汇更加突出地凸显出来。

在课程内容方面，X1集中的"机械类专业""职业能力""素质教育"和"能力本位"，以及Y1集中的"职业技能"，突显了这一时期高职课程管理根据市场和社会需求不断更新教学内容、合理调整专业结构，大力发展面向新兴产业和现代服务业的专业。这些变化体现了高职教育在适应新的行业和职业需求方面的努力。

在课程实施方面，X1集中的"工学交替""产学研结合""订单培养""人才培养模式""双证制""五位一体"和"学分制"，以及Y1集中的"实验教学"和"教学创新"，清晰地展示了本阶段高职院校课程管理实践的特点。这些实践开始朝着"以服务为宗旨、以就业为导向"的方向转变，并同时受到政策引导的影响，发生"从计划培养向市场驱动转变""从政府直接管理向宏观引导转变"和"从传统的升学导向向就业导向转变"。在这些实践中，高职院校的课程实施与生产实践、技术推广以及社会服务开始紧密结合,出现了订单培养的课程实施形式。与此同时,精品专业、精品课程以及教材建设也得到了大力推进。在课程管理实践方面,高职院校正在加快建立弹性学习制度,逐步推行学分制和选修制。这些变化从总体上加强了职业院校学生的实践能力和职业技能的培养,并且越来越重视实践和实训环节的教学。

在课程评价方面,将学生的职业道德、职业能力和就业率作为职业院校教育教学工作的重要指标进行考核。同时,逐步建立与普通教育不同的、具有职业教育特点的人才培养、选拔和评价标准与制度。在 X1 集中,"形成性考核""素质教育""职业能力"和"能力本位"成为逐渐形成的高职课程管理实践的焦点工作。

综上所述,这一阶段特别强调了课程管理中课程实施的变革,促使一种与企业紧密联系、与生产实习和社会实践紧密结合的课程管理模式的形成,摆脱了过去以学校和课堂为中心的模式。这种变革成为改革的方向和趋势。我们对 X1 集中的关键词进行聚类分析,并通过绘制主题时间线视图(见图 4-10)进行进一步分析。

在该矩阵中,横向表示时间,竖向表示关键词聚类的 6 个类别,节点的大小表示关键词出现的频率,节点越大表示出现频率越高。类别的编号按照热门程度由上至下排序。通过该图可以看出,"教学改革"是最热门的关键词,它对应了本阶段最显著的课程实施变革。

"创业教育"突显了从《国务院关于大力推进职业教育改革与发展的决定》(国发〔2002〕16 号)中的"深化教育教学改革,适应社会和企业需求"到《决定》(国发〔2005〕35 号)中的"坚持以就业为导向,深化职业教育教学改革"的变革。"三方联动""职业资格""双证制""专业设置"是《决定》(国发〔2005〕35 号)中强调的实践,旨在依靠行业企业发展职业教育,促进职业院校与企业的紧密结合,严格实行就业准入制度,并完善职业资格证书制度。

同时,通过图 4-10 的矩阵可以发现,在课程评价方面,体育课程的节点最大,在 2007 年达到峰值。进一步分析 X1 集的数据发现,这些研究主要关注高职院校的体育课程改革,涉及现状及对策,探讨了课程目标、实施模

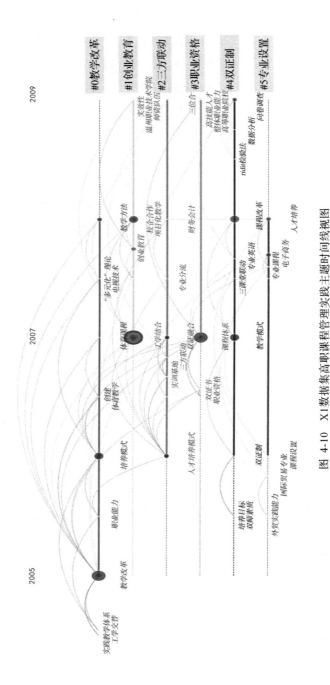

图 4-10 X1数据集高职课程管理实践主题时间线视图

式和评价等方面的内容。这表明高职体育课程是素质教育的重要组成部分，在大力发展职业教育、加快人力资源开发、实施科教兴国和人才强国战略的过程中，高等职业教育通过体育教育提高国民素质，这符合高职学生的学情和学习需求。相对于文化素质，提高身体素质更能激发高职学生的内在动力。

2. X2 和 Y2 数据集的检测结果和分析

（1）数据检测结果

X2 数据集共包含 485 篇文献。在调整 k 值为 100 的情况下进行检测，结果显示在图 4-11 中。根据图中的信息，可以得知 X2 集中共有 27 个突变词。此次检测中的 gamma（γ-干扰素）值为 0.1，Strength 阈值范围为 0.38 至 1.26。

X2 数据集的热点词汇包括"任务驱动""工艺实施""工学结合""思想政治理论课""商务英语""基于工作过程""高职英语""专业建设""专业内涵建设""思考""实训教学""内涵建设""教学实践""创新创业""教学体系""工商管理类专业""教学资源库""实施效果""教学方式""思路""工作任务""探索""双主体""创新教育""一体化设计""共享平台"和"工艺课程"。

在高职院校课程管理实践工作中，与"思考""实训教学""内涵建设""教学实践""创新创业""教学体系""工商管理类专业""教学资源库"和"实施效果"相关的工作从 2011 年开始受到高职院校课程管理实践工作重视，与"教学方式""思路""工作任务""探索""双主体""创新教育""一体化设计""共享平台"和"工艺课程"相关的工作从 2012 年开始成为高职院校课程管理实践工作热点。

在研究中，我们根据精确描述高职院校课程管理实践活动权变情境的原则，对这些热词进行了整理和分析，同时排除了不符合研究目的和研究意义的干扰词。本研究采用了聚焦合并的策略，更倾向于分析具有高职教育情境的专业术语，而非泛在教育环境中的专业术语。

去除了"思考""思路"和"探索"这些与高职院校课程管理实践相关性不强的词。为了保持精确性、完整性和准确性，以及符合领域内的约定和惯例，专业名词通常以词组形式出现，确保在专业领域中的交流和理解更

引用次数增长最快的前 27 个关键词

Keywords（关键词）	Year（年份）	Strength（强度）	Begin（起始）	End（截至）	2010—2014
任务驱动	2010	0.75	2010	2014	
工艺实施	2010	0.5	2010	2014	
工学结合	2010	1.19	2010	2014	
思想政治理论课	2010	1.26	2010	2014	
商务英语	2010	0.5	2010	2014	
基于工作过程	2010	0.5	2010	2014	
高职英语	2010	1.26	2010	2014	
专业建设	2010	0.56	2010	2014	
专业内涵建设	2010	0.5	2010	2014	
思考	2010	0.58	2011	2014	
实训教学	2010	0.88	2011	2014	
内涵建设	2010	0.77	2011	2014	
教学实践	2010	0.38	2011	2014	
创新创业	2010	0.58	2011	2014	
教学体系	2010	0.38	2011	2014	
工商管理类专业	2010	0.58	2011	2014	
教学资源库	2010	0.58	2011	2014	
实施效果	2010	0.58	2011	2014	
教学方式	2010	0.71	2012	2014	
思路	2010	0.38	2012	2014	
工作任务	2010	0.38	2012	2014	
探索	2010	0.71	2012	2014	
双主体	2010	0.41	2012	2014	
创新教育	2010	0.82	2012	2014	
一体化设计	2010	0.71	2012	2014	
共享平台	2010	0.71	2012	2014	
工艺课程	2010	0.71	2012	2014	

图 4-11 "高水平"案例高职院校 2010 年至 2014 年工作热点

加准确和一致。

将"工艺实施"和"工艺课程"合并为"工艺课程"，因为"工艺实施"是在课程活动中的实施，而"工艺课程"规定了"工艺实施"的具体场景。

将"商务英语"和"高职英语"合并为"商务英语"。"高职英语"既可以是高职的大学英语课程，也可以是高职各类型的英语课程，而"商务英语"更准确地描述了高职英语课程的目标和内容，更能体现语言能力与行业产业的紧密联系。

将"任务驱动"和"工作任务"合并为"工作任务驱动",以使其在教育情境中更具体和清晰。

将"工学结合""基于工作过程""教学实践"和"实训教学"合并为"基于工作过程的教学"。"工学结合"中的"工"即指基于工作过程,它是一种教学实践,而"实训教学"则是"工学结合"中的一个环节,它涉及陈述性和程序性知识的学习,也可以生成策略性知识。因此,将它们合并为"基于工作过程的教学"能够包含本组热词的所有核心要素,并使教育场景更加清晰。

将"专业建设""专业内涵建设"和"内涵建设"合并为"专业内涵建设"。"专业内涵建设"即是对"专业建设"进行的内涵建设,它通过专业建设来实施。

将"创新创业"和"创新教育"合并为"创新创业教育"。"创新创业教育"指的是以学生为教育对象,以"创新创业"为内容的课程管理实践活动。

将"教学资源库"和"共享平台"合并为"教学资源共享平台"。"教学资源库"的建立目的就是实现资源的共享平台,使得教学资源能够被更多的课程管理实践活动所利用。

最后,根据聚焦合并的原则,将"教学方式"和"一体化设计"合并为"一体化教学方式"。

经过研究小组讨论,我们确定了 X2 数据集中的核心热点词汇。这类词汇包括:"工作任务驱动""思想政治理论课""商务英语""基于工作过程的教学""专业内涵建设""创新创业教育""教学体系""工商管理类专业""教学资源共享平台""实施效果""双主体""一体化教学方式"和"工艺课程"。

Y2 数据集共包含 371 篇文献。我们将 k 值调整为 100,并进行检测。检测结果展示在图 4-12 中。根据图中的结果,可以看出 Y2 数据集中存在 15 个突变词。本次检测中,gamma(γ-干扰素)值为 0.1,Strength 阈值范围为 0.21 至 1.53。

引用次数增长最快的前 15 个关键词

Keywords（关键词）	Year（年份）	Strength（强度）	Begin（起始）	End（截至）	2010—2014
工学结合教学模式	2010	0.61	2010	2014	
专业特色	2010	0.61	2010	2014	
可持续发展	2010	0.61	2010	2014	
商务英语专业	2010	0.21	2010	2014	
三层对接	2010	0.61	2010	2014	
商务英语	2010	1.13	2010	2014	
专业能力	2010	0.57	2011	2014	
国际贸易实务专业	2010	0.3	2011	2014	
专业	2010	0.57	2011	2014	
工作过程导向	2010	0.73	2011	2014	
项目教学法	2010	1.53	2012	2014	
中高职衔接	2010	0.91	2012	2014	
实训基地建设	2010	0.61	2012	2014	
区域经济	2010	0.61	2012	2014	
创新型人才	2010	0.61	2012	2014	

图 4-12　一般案例高职院校 2010 年至 2014 年工作热点

　　Y2 数据集中的热点词汇如下所示："工学结合教学模式""专业特色""可持续发展""三层对接""商务英语""专业能力""工作过程导向""项目教学法""中高职衔接""实训基地建设""区域经济"和"创新型人才"。其中，"专业能力"和"工作过程导向"自 2011 年开始受到高职院校课程管理实践工作的重视。而"项目教学法""中高职衔接""实训基地建设""区域经济"和"创新型人才"则于 2012 年开始成为高职院校课程管理实践工作的热点关注。

　　研究小组以更能精准描述高职院校课程管理实践活动权变情境为原则，对 Y2 数据集的热点词汇进行聚焦合并，整理、论析，合并同类项，去掉不符合研究目的和不体现研究意义的干扰词。

　　首先，去除了"三层对接"，因为该词描述了学校、专业和师生之间的对接关系①,而本研究更关注具体的实践工作演变和策略的路径。其次,根据对 X2 子集的分析,将"工学结合教学模式"和"工作过程导向"合并为"基于工作过程的教学"。

因此,经过研究小组的认定,Y2 数据集的核心热点词汇包括:"基于工作过程的教学""专业特色""可持续发展""商务英语""专业能力""项目教学法""中高职衔接""实训基地建设""区域经济和创新型人才"。

(2)检测结果分析

X2 集和 Y2 集中的核心热点词汇反映了当前阶段高职院校课程管理实践工作的进展。这类词汇从早期的方向性和纲领性开始,逐渐演变为更加精准的靶向和具体的实施路径。这种发展趋势表明高职院校正在更好地理解和应对课程管理实践的挑战,确保教学活动与实际需求紧密对接,并为学生提供更有效的教育体验。

在课程目标方面,高职院校课程管理实践工作明确了几个目标,包括"专业内涵建设""可持续发展""专业能力"和"区域经济和创新型人才"。这些目标旨在应对当前和未来区域经济发展的现状和趋势,并致力于高效培养具备专业能力的高技能人才。这些管理活动面向每一个人、面向社会,是可持续发展的重要组成部分。

这些目标与该阶段的元政策和基本政策演变相一致。例如,《国家中长期教育改革和发展规划纲要(2010—2020 年)》提出了"大力发展职业教育",并强调"职业教育要面向人人、面向社会,着力培养学生的职业道德、职业技能和就业创业能力"。另外,《规划》(教发〔2014〕6 号)提出了建设总体目标,即"到 2020 年,我国职业教育体系能够适应发展需求,实现产教深度融合"。这些政策文件的提出与高职院校课程管理实践工作的目标是一

---

① 李起潮. 校地"三层对接",系统推进工学结合人才培养模式改革[J]. 高等工程教育研究,2010 (6):104-108;吴建设,丁继安,胡世明. 地方高等职业院校的"三层对接"办学模式探究[J]. 高等教育研究,2010,31(11):90-92,105;傅昭."三层对接":高职学院办学特色的求索——湖州职业技术学院旅游管理专业的教学改革实践[J]. 重庆广播电视大学学报,2011,23(4):16-20;陈宜冰. 三层对接:深化会计专业课程改革[J]. 机械职业教育,2011(9):26-27,30;曾益坤,周宁武,丁继安."三层对接"建设公共实训基地的探索——以湖州市公共实训中心基地为例[J]. 湖州职业技术学院学报,2011,9(3):25-28;吴建设. 基于"三层对接"视角的工程人才培养[J]. 高等工程教育研究,2012,(5):171-175.

致的。

在该阶段，《关于充分发挥行业指导作用推进职业教育改革发展的意见》（教职成〔2011〕6号）（以下简称为《意见》）提出了一系列改革措施。其中包括推进人才培养模式改革，实现教学过程与生产过程的对接。根据全面发展、人人成才、多样化人才、终身学习、系统培养等新的人才培养观念，职业学校应根据职业活动的内容、环境和过程改革人才培养模式，注重学思结合、知行统一、因材施教，着力提高学生的职业道德、职业技能和就业创业能力，促进学生全面发展。

另外，《规划》（教发〔2014〕6号）提出了改革职业教育专业课程体系的目标。这包括建立产业结构调整驱动专业改革机制，产业技术进步驱动课程改革机制以及建立真实应用驱动的教学改革机制。通过这些改革机制的建立，旨在推动职业教育的发展和适应产业需求的变化。

因此，在课程管理实践工作中，课程内容正在经历相应的变化。这一变化可通过以下方面体现：核心热词"思想政治理论课"反映了新政策的重点是培养学生的职业道德，而职业道德也是职业标准的重要组成部分；"创新创业教育"反映了新政策对课程的关注，希望课程能够培养学生的就业创业能力；"商务英语""工商管理类专业""工艺课程"和"专业特色"反映了课程管理实践的意图，即通过课程的管理和实践来适应区域经济发展方式的转变和产业结构的调整，以培养符合这些要求的高素质劳动者和技能型人才。而"工作任务驱动""基于工作过程的教学""教学体系""工商管理类专业""双主体""一体化教学方式""项目教学法""中高职衔接"和"实训基地建设"则显示出通过课程的实施管理，相关的实践工作也在相应地发生改变。

这呼应了《意见》（教职成〔2011〕6号）提出的要求，在行业的指导下全面推进教育教学改革。其中包括推进产教结合与校企一体办学，构建专业课程新体系以实现专业课程内容与职业标准的对接，推动人才培养模式改革以实现教学过程与生产过程的对接，推动建立和完善"双证书"制度以实现学历证书与职业资格证书的对接。这要求充分发挥行业在职业教育中的指导作用，包括行业企业全面参与教育教学各个环节，并充分发挥行业职业教育教学指导委员会的作用。

另外,《国家中长期教育改革和发展规划纲要(2010—2020 年)》提出了加快教育信息化进程的要求,《规划》(教发〔2014〕6 号)也提出了加速数字化、信息化进程的目标,因此在热点词汇中出现了"教学资源共享平台",这是课程管理实践数字化的重要成果。

在课程评价方面,"实施效果"与《规划》(教发〔2014〕6 号)中优化高等职业教育结构的要求相呼应,具体包括建立高等学校分类体系,探索对不同类型的高等学校实行分类评价、指导和评估制度。

使用 X2 数据绘制主题时间线视图(图 4-13)。在该矩阵中,横向量表示时间,竖向量表示关键词所聚集的 9 个类别。节点的大小反映了关键词的频次,即节点越大表示该关键词出现的频率越高。类别的编号从小到大排列,按照热门程度的降序,从上至下呈现。

根据图示可见,"教学改革"在 2010 至 2014 年的课程管理实践中是关注的焦点。其次是"工学结合",排第三的是"师资",第四是"教学资源库",第五是"课堂教学",第六是"培养模式"。这表明在该时间段内,课程管理实践的工作重点虽然在课程目标、课程内容、课程实施和课程评价等方面有所变化,但课程实施方面的变化最为显著。这种变化与第三章关于政策生成生态系统的讨论相一致,即各种政策开始蓬勃发展,并与创造其价值的环境形成动态平衡系统,不同类别和层次的政策相互依存,共同实现其价值。

3. X3 和 Y3 数据集的检测结果和分析

(1)数据检测结果

X3 数据集共包含 318 篇文献。本次检测中,我们将 k 值设定为 100,检测结果显示在图 4-14 中。从图中可以看出,X3 集中共有 14 个突变词。在本次检测中,gamma(γ-干扰素)值为 0.1,Strength 阈值范围为 0.29 至 1.57。

X3 集中的热点词汇包括:"实践能力""应用""微课程""专业建设""产教融合""学习需求""实训""职业素养""专业教育""创新创业""实训课程""创业教育""思政理论课"和"现代学徒制"。其中,从 2016 年开始"实训"

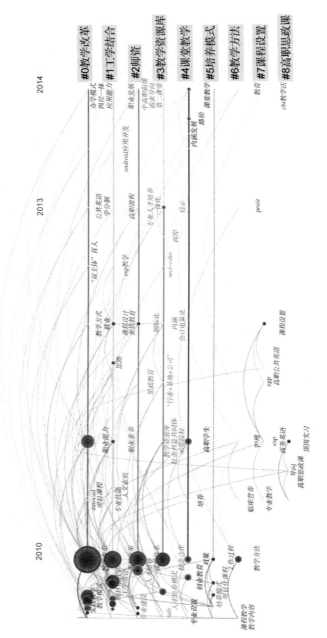

图 4-13 X2数据集高职课程管理实践主题时间线视图

引用次数增长最快的前 14 个关键词

Keywords （关键词）	Year （年份）	Strength （强度）	Begin （起始）	End （截至）	2015—2018
实践能力	2015	0.29	2015	2018	
应用	2015	0.29	2015	2018	
微课程	2015	0.29	2015	2018	
专业建设	2015	0.29	2015	2018	
产教融合	2015	0.29	2015	2018	
学习需求	2015	0.29	2015	2018	
实训	2015	0.34	2016	2018	
职业素养	2015	1.57	2016	2018	
专业教育	2015	0.34	2016	2018	
创新创业	2015	0.86	2016	2018	
实训课程	2015	0.34	2016	2018	
创业教育	2015	0.34	2016	2018	
思政理论课	2015	0.34	2016	2018	
现代学徒制	2015	1.04	2016	2018	

图 4-14 "高水平"案例高职院校 2015 年至 2018 年工作热点

"职业素养""专业教育""创新创业""实训课程""创业教育""思政理论课"和"现代学徒制"成为高职院校课程管理实践工作的热点。

Y3 数据集共有 247 篇文献。调整 k 值为 100 后，进行了检测，结果见图 4-15。根据图中的结果，可以得知 Y3 集中共有 9 个突变词。在本次检测中，使用的 gamma（γ-干扰素）值为 0.1，Strength 阈值范围为 0.2 至 0.93。

Y3 集中的热点词汇包括："SPOC（Small Private Online Course，小规模限制性在线课程）""项目化教学""课堂教学""商品学""教学方法""创业能力""以学生为中心""产教融合"和"毕业综合实践"。其中，"以学生为中心""产教融合"和"毕业综合实践"从 2016 年开始成为高职院校课程管理实践工作的热点关注。

研究小组对这些热词进行了整理和论析，并采用聚焦合并的策略，去除了与研究目的不符合不体现研究意义的干扰词。具体步骤如下：

首先，删除了"应用"和"实训"，因为它们与研究目的不相符。

其次，将"创新创业"和"创业教育"合并为"创新创业教育"。

因此，研究小组认为 X3 数据集中的热点词汇为："创新创业教育""实

引用次数增长最快的前 9 个关键词

Keywords （关键词）	Year （年份）	Strength （强度）	Begin （起始）	End （截至）	2015—2018
SPOC	2015	0.20	2015	2018	
项目化教学	2015	0.41	2015	2018	
课堂教学	2015	0.93	2015	2018	
商品学	2015	0.20	2015	2018	
教学方法	2015	0.20	2015	2018	
创业能力	2015	0.20	2015	2018	
以学生为中心	2015	0.34	2016	2018	
产教融合	2015	0.34	2016	2018	
毕业综合实践	2015	0.34	2016	2018	

图 4-15　一般案例高职院校 2015 年至 2018 年工作热点

践能力""专业建设""专业教育""微课程""产教融合""学习需求""职业素养""实训课程"和"思政理论课"。

最后，将"课堂教学"和"教学方法"合并为"课堂教学方法"。

因此，研究小组认为 Y3 集中的热点词汇为："课堂教学方法""SPOC""项目化教学""商品学""创业能力""以学生为中心""产教融合"和"毕业综合实践"。

在这些词中："实践能力""职业素养"和"创业能力"与课程目标相关；"创新创业教育""专业教育""实训课程""思政理论课"和"商品学"与课程内容相关；"专业建设""微课程"①、"产教融合""学习需求""课堂教学方法""SPOC""项目化教学""以学生为中心""产教融合"和"毕业综合实践"与课程实施相关；"学习需求"和"以学生为中心"与课程评价相关。

（2）检测结果分析

在当前阶段，高职院校的内涵建设正处于初级阶段，而这一阶段的特

---

① 微课程，即 microlecture。这个概念是由美国新墨西哥州圣胡安学院的高级教学设计师、学院在线服务经理彭罗斯（Penrose, D.）于 2008 年秋首创的。后来，彭罗斯被人们戏称为"一分钟教授"（the One Minute Professor）。彭罗斯把微课程称为"知识脉冲"（Knowledge Burst）将 microlecture 译成"微课程"似乎欠妥；其一，microlecture 的原意不是指课程，而是指教学时间相对较短的课，如以单一主题录制的数分钟以内的声音解说或视像演示，因此可考虑译成"微课"。其二，microcourse 的中文译名应该是"微科目"，但把它译成"微课程"也未尝不可（知行网，2011）。

点是政策的常态化。相对于政策产生和动员的元政策时代以及政策生成生态系统的基本政策时代,具体政策时代主要影响了课程的中观和微观方面,即课程面向区域性产业的内容、实施和评价等方面的变化。具体表现为对深化产教融合问题、创新创业教育问题、高职院校内部治理问题以及信息化建设问题等方面的关注和改进。

在深化产教融合问题方面,涉及课程目标和内容与产业对高职供应的人力资源需求之间的匹配问题、课程实施和评价的动态匹配问题等。因此,热点词如"产教融合""实践能力""职业素养""专业教育""商品学""实训课程""思政理论课""专业建设""课堂教学方法""学习需求""项目化教学""以学生为中心""微课程""SPOC"和"毕业综合实践"与这些问题密切相关。

在创新创业教育问题方面,涉及如何建立起高校创新创业教育体系,将课堂教学、自主学习、结合实践、指导帮扶、文化引领融为一体[①]。因此,"创新创业教育""创业能力""实践能力""职业素养""思政理论课""以学生为中心""毕业综合实践"和"学习需求"成为关注的热点。这些研究工作关注点的变化逐渐演变成实践热点,并在高职院校的课程管理实践中发挥重要作用。

在信息化建设问题方面,需要澄清的是,"微课程"并非指为微型教学而开发的微小内容,而是应用建构主义方法形成的、以在线学习或移动学习为目的的实际教学内容。而"SPOC"则是指小规模限制性在线课程。这种变化不仅仅是课程信息化建设的成果反映,同时也与教学理念的转变密切相关。

相比于"MOOC"[②]作为大规模开放在线课程,让教师有机会服务于全球并在专业领域取得广泛影响,"SPOC"和"微课程"则将教师更多地带回校园,回归到小型在线课堂中。在课前,教师成为课程资源的学习者和整

---

① 国务院办公厅《关于深化高等学校创新创业教育改革的实施意见》(国办发〔2015〕36号)。

② 所谓"慕课"(MOOC),顾名思义,"M"代表 Massive(大规模),与传统课程只有几十个或几百个学生不同,一门"慕课"课程动辄上万人,最多达 16 万人;第二个字母"O"代表 Open(开放),以兴趣导向,凡是想学习的,都可以进来学,不分国籍,只需一个邮箱,就可注册参与;第三个字母"O"代表 Online(在线),学习在网上完成,无须旅行,不受时空限制;第四个字母"C"代表 Course,就是课程的意思(新浪新闻,2013)。

合者。他们无须成为讲座视频中的主角，也无须为每节课准备全套讲座，但必须能够根据学生需求整合各种线上和实体资源。在课堂上，教师则充当指导者和促进者的角色，组织学生进行小组讨论，随时为他们提供个别化指导，共同解决遇到的难题。"SPOC"和"微课程"创新了课堂教学模式。通过引入"SPOC"和"微课程"，教师在教学中能够以更灵活的方式与学生互动，为他们提供更加个性化的学习体验。这一变革在高职院校的课程管理实践中具有重要意义。

X3 和 Y3 数据集并不对本问题的关注产生显著影响。这是因为本研究所收集的文献主要从一线教师的微观视角对高职院校课程管理实践工作进行了整理和反思。然而，对于高职院校内部治理问题，大多数文献采用了中观或更高层次的视角，并由从事管理职位的教师进行了整理和反思。

使用 X3 数据绘制主题时间线视图（图 4-16）。该视图中，横向量表示时间，竖向量表示关键词所聚的 9 个类别，节点的大小表示关键词的出现频次，节点越大表示出现频次越高。类别编号从小到大按照热门程度的降序排序。

根据图 4-16 可知，"课程改革"是在该时间阈值下最为突出的聚类。这说明课程管理实践工作的核心在于课程改革，受到了广泛的关注。可以说，在这个阶段，所有的工作都以课程改革为中心展开。这与图 4-10 中 X1 集时间阈值下的工作最热点以及图 4-13 中 X2 集时间阈值下的工作最热点有所不同。X1 集和 X2 集的工作主要集中在教学改革，即课程实施方面。而课程改革则涵盖了课程目标、课程内容、课程实施和课程评价等四个方面。因此，这标志着高职院校内涵建设正处于初级阶段，并已进入了政策常态化时期。

在这个时期，高职院校的课程管理实践工作已经确定了以内涵建设为目标的课程管理思想。在实践中，对课程目标、内容、实施和评价的改革工作已经全面展开。这与第三章的梳理分析结果一致，当教育元政策和基本政策时代过渡到具体政策时代时，政策指向的工作目标就在实践层面被复制、推广和实施。这也与本节中对突变词频的分析结果一致。由于实践工作得以进行，最主要的障碍是可行性问题。因此，在这个时间阈值下的管

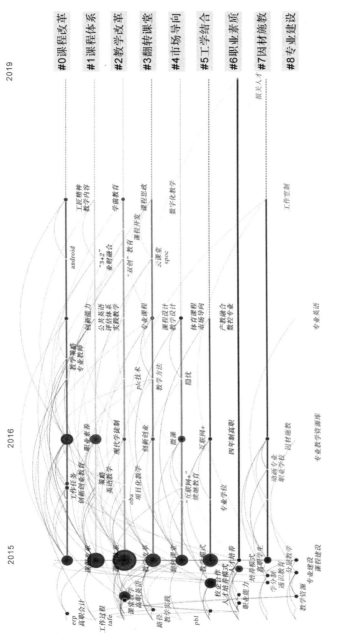

图 4-16 X3数据集高职课程管理实践主题时间线视图

理实践开始聚焦于"深化产教融合问题""创新创业教育问题"和"信息化建设问题"。

第二大聚类是"课程体系"，主要包括"课程改革"和"职业素养"这两个节点。第三大聚类是"教学改革"。第四大聚类是"翻转课堂"。第六大聚类是"工学结合"。第七大聚类是"职业素养"。第八大聚类是"因材施教"。第九大聚类是"专业建设"。这些聚类主要关注课程内容和课程实施。

4．X4 和 Y4 数据集的检测结果和分析

（1）数据检测结果

X4 数据集共有 211 篇文献。调整 k 值为 100 进行检测，结果详见表4-4。表格显示，X4 集中没有出现突变词。本次检测中的干扰因子 gamma（γ-干扰素）值为 0.1。由于词频分布较为均匀，Strength 阈值范围为 0.02 至 0.28，没有明显的词频突变现象。

表 4-4　2019 年至今"高水平"案例高职院校数据突变词检索结果

词频	热度	首现时间	关键词
14	0.28	2019	教学改革
13	0.08	2019	人才培养
8	0.06	2019	课程思政
8	0.09	2019	创新创业
7	0.03	2019	教学模式
7	0.06	2019	高职学生
6	0.09	2019	人才培养模式
5	0.02	2019	产教融合
5	0.04	2019	实践教学
5	0.06	2019	创新创业教育
5	0.10	2019	校企合作
5	0.10	2019	职业素养

根据表 4-4，"教学改革""校企合作"和"职业素养"等关于高职院校课程管理工作的内容热度正在逐步提升。同时，"人才培养""课程思政""创

新创业""教学模式""高职学生""人才培养模式""产教融合""实践教学"和"创新创业教育"在当前阶段的实践工作中仍然保持一定的热度。研究小组认为这类词汇仍然对本研究具有重要的情报意义。

表 4-5 的数据显示,Y4 数据集共有 153 篇文献。在调整了 k 值为 100 后进行的检测结果显示,Y4 集中没有出现突变词汇。本次检测中,gamma(γ-干扰素)值为 0.1。由于词频分布不集中,Strength 阈值范围为 0.04 至 0.49,没有明显的词频突变现象。

表 4-5　2019 年至今一般案例高职院校数据突变词检索结果

词频	热度	首现时间	关键词
18	0.49	2019	教学改革
10	0.23	2019	实践教学
10	0.05	2019	现代学徒制
9	0.11	2019	人才培养
1	0.28	2019	课程思政
8	0.14	2019	产教融合
8	0.06	2019	人才培养模式
7	0.24	2019	校企合作
6	0.11	2019	课程体系
5	0.07	2019	教学模式
5	0.06	2019	翻转课堂
5	0.04	2019	课程改革
4	0.04	2019	互联网＋
4	0.04	2019	商务英语
4	0.04	2019	改革与实践
4	0.06	2019	混合式教学
4	0.04	2019	高职学生
4	0.08	2020	高职英语

根据表 4-5,高职院校课程管理工作中关于"教学改革""课程思政""校企合作""实践教学""产教融合""人才培养"和"课程体系"等内容的热度仍

在逐步提高。此外，"现代学徒制""人才培养模式""教学模式""翻转课堂""课程改革""互联网＋""商务英语""改革与实践""混合式教学""高职学生"和"高职英语"在当前阶段的实践工作中仍然保持一定的热度。研究小组认为，这类词汇仍然对本研究具有重要的情报意义。

（2）检测结果分析

自 2019 年以来，职业教育在教育体系中的地位已经得到充分确认，并被视为与普通教育具有同等重要性。尽管职业教育的重要性日益凸显，但仍存在一些问题，包括体系建设不完善、职业技能实训基地建设需要加强、制度标准不健全、企业参与办学的动力不足、有利于技术技能人才成长的配套政策尚待完善、办学和人才培养质量参差不齐等方面。

为了解决这些问题，国务院发布了《方案》（国发〔2019〕4 号）。为了贯彻执行该方案，自 2019 年以来，相关部门相继发布了一系列教育元政策和基本政策，主要聚焦于构建职业教育国家标准和促进产教融合校企"双元"育人两个方面。这些政策对高职院校的课程管理实践工作产生了系统性的影响。这些影响可以在表 4-4 和表 4-5 的关键词中得到体现。

根据突变检索结果，X4 数据集中 Strength 值较高（＞0.1）的词汇包括"教学改革""校企合作"和"职业素养"，而 Y 数据集中 Strength 值较高（＞0.1）的词汇包括"教学改革""课程思政""校企合作""实践教学""产教融合""人才培养"和"课程体系"。这些情况反映了高职院校课程管理实践工作在权变发展中，与构建职业教育国家标准以及促进产教融合、校企"双元"育人等高职内涵深化建设工作具有显著相关性。

另外，诸如 Strength 值为 0.05 的"现代学徒制"也反映了高职课程管理实践对 2019 年 5 月发布的教育部文件《关于全面推进现代学徒制工作》（教职成厅函〔2019〕12 号）的响应，"现代学徒制"建设相关工作逐渐展开。而"课程思政"作为一项重要的改革，根据教育部《高等学校课程思政建设指导纲要》（教高〔2020〕3 号）和教育部办公厅《关于开展课程思政示范项目建设工作的通知》（教高厅函〔2021〕11 号）展开。其 Strength 值为 0.28，表明该改革在内涵建设中得到了广泛的课程改革响应，是实践运作课程的重要举措。

第三节　浙江"高水平"高职院校的课程管理特征

管理是一个涵盖决策、计划、组织、领导、激励、沟通和控制等多个环节的工作过程。本节旨在通过对 X 数据集和 Y 数据集的计量分析,进行对比分析如下。

首先,进行横向分析,比较具有相同时间阈值的不同类别的 X 数据集和 Y 数据集。同时在同一类别的数据集内进行纵向分析,以探究递进的时间阈值数据子集之间的关系。具体来说,我们将进行 X1、X2、X3 和 X4 及 Y1、Y2、Y3 和 Y4 之间的对比分析。

其次,我们将对 X 数据集和 Y 数据集中的突变词汇进行内容对比分析。

以上两个分析方法将有助于我们深入了解不同数据集之间的差异和共性。

1. 计量数据汇总

X1 和 Y1、X2 和 Y2、X3 和 Y3、X4 和 Y4 的数据源文献数、突变词汇数和 Strength 阈值具体情况汇总如下:

X1 数据集共有文献 255 篇,k 值＝100,gamma(γ-干扰素)值＝0.1,共有 12 个突变词,Strength 阈值为 0.45 至 1.56。Y1 数据集共有文献 119 篇,k 值＝100,gamma(γ-干扰素)值＝0.1,共有 3 个突变词,Strength 阈值为 0.57 至 0.85。

X2 数据集共有文献 485 篇,k 值＝100,gamma(γ-干扰素)值＝0.1,共有 27 个突变词,Strength 阈值为 0.38 至 1.26。Y2 数据集共有文献 371 篇,k 值＝100,gamma(γ-干扰素)值＝0.1,共有 15 个突变词,Strength 阈值为 0.21 至 1.53。

X3 数据集共有文献 318 篇,k 值＝100,gamma(γ-干扰素)值＝0.1,共有 14 个突变词,Strength 阈值为 0.29 至 1.57。Y3 数据集共有文献 247 篇,k 值＝100,gamma(γ-干扰素)值＝0.1,共有 9 个突变词,Strength 阈值为 0.2 至 0.94。

X4 数据集共有文献 211 篇,k 值＝100,gamma(γ-干扰素)值＝0.1,没

有突变词，Strength 阈值为 0.02 至 0.28。Y4 数据集共有文献 211 篇，k 值 ＝100，gamma（γ-干扰素）值＝0.1，没有突变词汇，Strength 阈值为 0.04 至 0.49。

2. 内容数据汇总

X1 和 Y1、X2 和 Y2、X3 和 Y3、X4 和 Y4 的突变词汇汇总如下：

X1 集的热点词汇为"工学交替""机械类专业""订单培养""职业能力""双证制""素质教育""五位一体""学分制"和"形成性考核"。

Y1 集的热点词汇为"职业技能""实验教学"和"教学创新"。

X2 集的核心热点词汇为"工作任务驱动""思想政治理论课""商务英语""基于工作过程的教学""专业内涵建设""创新创业教育""教学体系""工商管理类专业""教学资源共享平台""实施效果""双主体""一体化教学方式"和"工艺课程"。

Y2 集的核心热点词汇为"基于工作过程的教学""专业特色""可持续发展""商务英语""专业能力""项目教学法""中高职衔接""实训基地建设"及"区域经济和创新型人才"。

X3 集热点词汇为"创新创业教育""实践能力""专业建设""专业教育""微课程""产教融合""学习需求""职业素养""实训课程"和"思政理论课"。

Y3 集的热点词汇为"课堂教学方法""SPOC""项目化教学""商品学""创业能力""以学生为中心""产教融合"和"毕业综合实践"。

一、突变程度显著：政策产生和动员阶段决策果断

1. 文献计量分析

基于对所有 X 数据集和 Y 数据集的计量结果，可形成至少以下结论。

结论一：每个具有相同时间阈值的 X 数据集的文献数量都超过了 Y 数据集。

提取相同时间阈值的 X 数据集的文献数和所有 Y 数据集的文献数进行对比：

X1＝255＞Y1＝119；

X2＝485＞Y2＝371；

X3＝318＞Y3＝247；

X4＝211＞Y4＝153。

同时间阈值的 X 数据集和 Y 数据集的文献数的倍数关系为：

X1≈2.14×Y1；

X2≈1.31×Y2；

X3≈1.29×Y3；

X4≈1.38×Y4。

通过对比具有相同时间阈值的"高水平"案例高职院校和一般案例高职院校的文献数量,发现"高水平"案例高职院校的课程管理实践工作在整体或每个时间阈值下都更为活跃。计算具有相同时间阈值的"高水平"案例高职院校和一般案例高职院校的文献数量倍比数后发现,在政策制定和动员阶段,这种充分性尤为明显。权变管理贯穿了两种案例高职院校的课程管理实践过程,但"高水平"案例高职院校的权变程度更为显著,尤其是在政策制定和动员阶段。可能的原因是,相较于一般案例高职院校,"高水平"案例高职院校的课程管理实践工作更具活力,使得工作内容更加丰富,信息资源也更加充足。另外,两者的实践工作可能同样具有活力,但一般案例高职院校的教师在对实践工作进行梳理和反思方面可能缺乏积极性或缺乏成果形成的能力。

结论二:同时间阈值中,每个 X 数据集的突变词汇数都多于 Y 数据集中的词汇数。

提取所有 X 数据集的突变词汇数和所有 Y 数据集的突变词汇数,进行对比:

X1＝12＞Y1＝3；

X2＝27＞Y2＝15；

X3＝14＞Y3＝9。

结论二表明,在高职内涵建设初级阶段,"高水平"案例高职院校的课程管理实践权变程度在总体或每个时间阈值中都比一般案例高职院校显著。尤其是在政策产生和动员期,这种显著性更加突出。在任何类型的组织中,决策是管理工作必须履行的重要职责,是管理的本质。良好有效的决策对组织活动及其发展具有推动作用。

根据结论一和结论二,决策是管理的首要环节。显然,"高水平"案例高职院校的课程权变管理实践的决策环节更为迅速,推动了管理工作的开展。这使得其权变管理在进度上更加高效,同时也使得其整体权变管理情况更加显著。

2. 文献内容分析

以整个高职内涵建设的初级阶段作为时间阈值,我们使用数据集 X1、X2、X3、Y1、Y2 和 Y3 来观察和分析现象数据。将这些阶段的课程实践管理整体工作作为研究对象,通过研究 X1 和 Y1 数据集的数据,可以对课程实践管理整体工作的决策环节做出科学的认知。

首先,分析 X1 数据集的内容信息。

X1 的课程目标相关词汇为:"职业能力""素质教育"

X1 的课程内容相关词汇为:"机械类专业"

X1 的课程实施相关词汇为:"工学交替""订单培养""双证制""五位一体""学分制"

X1 的课程评价相关词汇为:"形成性考核""学分制"

然后,分析 Y1 数据集的内容信息。

Y1 的课程目标相关词汇为:"职业技能"

Y1 的课程内容相关词汇为:无

Y1 的课程实施相关词汇为:"实验教学""教学创新"

Y1 的课程实施相关词汇为:无

经过对比分析,我们发现 X1 数据集显示,"高水平"案例高职院校的课程管理实践决策更具有系统性,涵盖了课程目标、内容、实施和评价的各个方面。因此,与一般案例高职院校相比,"高水平"案例高职院校在课程管理实践决策方面的内容更具有显著的权变特征。

3. 小 结

在课程管理实践中,"高水平"案例高职院校的工作表现比一般案例高职院校更好,尤其是在政策制定和动员期间。"高水平"案例高职院校的课程管理实践更具活力、信息源更加充沛,而一般案例高职院校缺乏积极性和反思能力。在高职内涵建设初级阶段,"高水平"案例高职院校的课程管理实践权变程度更显著,尤其是在政策制定和动员期间。决策是管理的重要职责,良好有效的决策对组织活动及其发展具有推动作用。"高水平"案例高职院校的决策更具系统性,涵盖了课程目标、内容、实施和评价的各个方面,而一般案例高职院校的决策缺乏系统性。因此,在课程管理实践中,"高水平"案例高职院校的权变管理更加高效和显著。

二、突变显著程度先升后降型演变:新决策易成为常态化工作

1. 文献计量分析

基于对所有 X 数据集和 Y 数据集的计量结果,可形成至少以下结论。

结论三:X1 的突变词汇环比增加率较低,相比之下,Y1 和 Y2 的突变词汇环比增加率较高。

$$(X2-X1)/X1\times100\%=(27-12)/12\times100\%=125\%$$

$$(Y2-Y1)/Y1\times100\%=(15-3)/15\times100\%=400\%$$

$$(X2-X1)/X1\times100\%=125\%<(Y2-Y1)/Y1\times100\%=400\%$$

结论三指出,在内涵建设初级阶段的政策生成生态系统期中,相较于具有相同课程管理实践条件的"高水平"案例高职院校,一般案例高职院校的课程管理实践工作的权变情况在环比中表现更为显著,尤其是在政策产生和动员期间。

结论四:X3 和 Y3 数据集较 X2 和 Y2 数据集出现突变词汇数环比负增长。

$$(X3-X2)/X2\times100\%=(14-27)/27\times100\%\approx-48.15\%$$

$$(Y3-Y2)/Y2\times100\%=(9-15)/15\times100\%=-40\%$$

结论四指出,在内涵建设初级阶段的政策生成生态系统期以及政策常态化时期,无论是"高水平"案例高职院校还是一般案例高职院校,课程管理实践的权变情况都呈现明显的环比下降趋势。

结论四指出,"高水平"案例高职院校和一般案例高职院校,无论是在

内涵建设初级阶段的政策生成生态系统期还是在政策常态化时期,课程管理实践的权变情况都有显著的环比下降趋势。

结论五:X3 比 X2 的环比负增长率低于 Y3 比 Y2 的环比负增长率。

$(X3-X2)/X2\times100\%\approx-48.15\%<(Y3-Y2)/Y2\times100\%=-40\%$

结论五表明,在内涵建设初级阶段的政策生成生态系统期和政策常态化时期,与一般案例高职院校相比,"高水平"案例高职院校的课程管理实践权变情况呈现更显著的负增长趋势。

结论三、四、五表明,在高职内涵建设初级阶段,"高水平"案例高职院校和一般案例高职院校的课程管理实践权变历史情况总体呈现先升后降的演变趋势。相较于一般案例高职院校,"高水平"案例高职院校的课程管理实践权变演变速度更快,且升降幅度更显著。一般案例高职院校的课程管理实践权变演变也呈现类似的趋势,但滞后于"高水平"案例高职院校。

2. 文献内容分析

经文献计量分析,"高水平"案例高职院校和一般案例高职院校的课程管理实践权变历史情况总体呈现先升后降的趋势。那么,为什么显著性会降低呢?

在此背景下,我们将聚焦于突变和定义主题突变,并展开热点分析。突变是指一个变量在短期内发生一次或多次显著的变化,定义主题突变是指在某一领域中,随着某一实践的发生,在短时间内引起关注度改变的主题变化情况。随着时间的推移,突变主题有可能变成研究热点,也有可能逐渐减弱甚至消失。

针对高职内涵建设深化阶段的政策分析,本研究发现,《方案》(国发〔2019〕4 号)中的"构建职业教育国家标准"和"产教融合校企'双元'育人"是与高职课程管理最直接相关的工作。该方案是 2019 年以来最重要的高职教育基本政策之一,也是其他基本政策和具体政策的基础。因此,我们以这两项工作为例,聚焦于"高水平"案例,并绘制了 X 数据集的热点(表 4-6),以分析其中的热点情况,从而获得对成功经验和模式的科学认知,指导课程管理实践的优化工作。

表 4-6　X 数据集热点

X1 热点	X2 热点	X3 热点	X4 热点
工学交替	工作任务驱动	创新创业教育	教学改革
机械类专业	思想政治理论课	实践能力	人才培养
订单培养	商务英语	专业建设	课程思政
职业能力	基于工作过程的教学	产教融合	创新创业
双证制	专业内涵建设	专业教育	教学模式
素质教育	创新创业教育	微课程	高职学生
五位一体	教学体系	学习需求	人才培养模式
学分制	工商管理类专业	职业素养	产教融合
形成性考核	教学资源共享平台	实训课程	实践教学
	实施效果	思政理论课	创新创业教育
	双主体		校企合作
	一体化设计		职业素养
	工艺课程		

提出假设：短期热点（即突变主题）可能逐渐演变成长期热点，因此其显著性可能降低。

以 X 数据集中的热点演变为例开展分析。

首先，进行 X1、X2 和 X3 数据集与产教融合校企"双元"育人相关工作的耦合分析。

促进产教融合校企"双元"育人包括：坚持知行合一、工学结合；推动校企全面加强深度合作；打造一批高水平实训基地；多措并举打造"双师型"教师队伍。分析 X1、X2 和 X3 的工作热点，梳理与产教融合校企"双元"育人相关工作有关的聚类。

根据图 4-10，即 X1 数据集高职课程管理实践主题时间线视图，X1 数据集的热点词汇聚成了 6 类，其中 4 类分别是"创业教育""三方联动""职业资格"和"双证制"。根据图 4-13，即 X2 数据集高职课程管理实践主题时间线视图，X2 数据集的热点词汇聚成了 9 类，其中第 2 类是"工学结合"和"培养模式"。根据图 4-16，即 X3 数据集高职课程管理实践主题时间线视图，X3 数据集的热点词汇聚成了 9 类，其中三类是"市场导向""工学结合"和"职业素质"。这些类别都与产教融合校企"双元"育人相关工作有耦合关系,呈现出互为演变结果的特点。

举例来说,为了促进产教融合校企"双元"育人,首先需要进行"三方联动"(X1),并且在课程实施中注重实现"工学结合"(X2、X3)。而通过促进产教融合校企"双元"育人,又能够进一步加强"三方联动"(X1)和实现更好的"工学结合"(X2、X3)。在这过程中,"职业资格"(X1)和"双证制"(X1)相关的课程实施模式成为"双元"育人模式的雏形模式,为实现"工学结合"(X2)和"培养模式"(X2)奠定了基础,并且也为实现"职业素质"(X3)和"市场导向"(X3)提供了"工学结合"(X3)课程实施模式的基础。与此同时,产教融合校企"双元"育人的发展也进一步完善了与"工学结合"相关的课程实施活动。

其次,对比分析 X1 数据集与构建职业教育国家标准相关的工作。构建职业教育国家标准的任务包括完善教育教学相关标准、启动"1+X 证书制度"试点工作、开展高质量职业培训以及实现学习成果的认定、积累和转换。在这些工作中,"双证制"(X1)经历了多次发展和演化,并逐渐被"1+X证书制度"所取代。该制度的目标是缓解结构性就业问题,鼓励职业院校的学生既能获得学历证书,又能积极培养就业创业能力,获得多类职业技能等级证书。而"学分制"(X1)则发展为"职业教育国家'学分银行'",从2019 年开始,探索建立职业教育个人学习账号,实现学习成果的可追溯、可查询和可转换。通过有序进行学历证书和职业技能等级证书的认定、积累和转换,为技术技能人才的持续成长拓宽了通道。

综上所述,结合第三章和本章对案例广度词频突变的分析,可以得出结论,X1、X2 和 X3 数据集中热点的历史演变与《方案》(国发〔2019〕4 号)中的工作存在密切联系。如果这一假设成立,那么突变的主题将逐渐成为研究的热点,从而导致其显著性降低。

3. 小 结

根据文献计量结果,针对"高水平"案例高职院校的课程权变管理实践,突变的显著程度呈现先升后降的演变趋势。在这些案例高职院校的管理实践中,新的决策更容易成为常态化的工作。同时,"高水平"案例高职院校在不同时间阶段的突变主题逐渐成为研究的热点,而这种演变与高职教育的核心政策和基本政策关联性更强。因此,"高水平"案例高职院校的权变管理在迅速全面决策后更早地进入了常态化工作阶段,因此具备更高的权变科学性。

换句话说,这种权变的科学性是基于高职院校课程管理的特殊属性进行的,它尊重了教育规律,更具针对性,并且是基于高职教育基本政策的合理权变。这种科学性得益于计划工作的科学性。

计划工作是管理的基本职能之一,它可以规划未来、确定目标,并提出实现目标的途径和方法(Fayol,2013)。计划工作是预先决定要做什么,如何做,以及由谁去做的桥梁,它连接着我们所处的现状和我们要达到的目标(孔茨等,1987)。计划是管理的依据,是管理实践的指导方向,可以协调组织活动。科学地制订计划,可以推动管理目标的实现。根据文献计量结果,针对"高水平"案例高职院校的课程权变管理实践,突变的显著程度呈现先升后降的趋势。在这些案例高职院校的管理实践中,新的决策更容易成为常态化的工作。

三、突变周期短:计划目标具有可行性

1. 文献计量分析

基于对所有 X 数据集和 Y 数据集的计量结果,可形成至少以下结论。

结论六:X 数据集的 Strength 阈值差呈现环比振荡,而 Y 数据集的 Strength 阈值差呈现环比先升后降。

X1 Strength 阈值差=1.11>Y1 Strength 阈值差=0.28;

X2 Strength 阈值差=0.88<Y2 Strength 阈值差=1.32;

X3 Strength 阈值差=1.28>Y3 Strength 阈值差=0.74;

X4 Strength 阈值差=0.26<Y4 Strength 阈值差=0.45

这表明高职课程管理的权变情况比较复杂,需要进一步结合文献内容分析进行深入剖析和梳理。

2. 文献内容分析

绘制 X 数据集和 Y 数据集热点内容对比表(表 4-7)。由于 X4 和 Y4

数据集中未出现突变词汇，但仍展现了工作焦点的演变趋势，因此我们使用两种字体[①]进行合并绘制。

表 4-7　X 数据集和 Y 数据集热点对比

时间	X1（突变词汇）	Y1（突变词汇）	相同热点
2005—2009 年	工学交替	职业技能	第一组：职业能力 职业技能
	机械类专业	教学创新	
	订单培养	实验教学	
	职业能力		
	双证制		
	素质教育		
	五位一体		
	学分制		
	形成性考核		
时间	X2（突变词汇）	Y2（突变词汇）	相同热点
2010—2014 年	工作任务驱动	基于工作过程的教学	第一组：工作任务驱动 基于工作过程的教学
	思想政治理论课	专业特色	
	商务英语	可持续发展	
	基于工作过程的教学	商务英语	
	专业内涵建设	专业能力	第二组：高职英语 商务英语
	创新创业教育	项目教学法	
	教学体系	中高职衔接	
	工商管理类专业	区域经济和创新型人才	
	教学资源共享平台	实训基地建设	第三组：创新教育 创新型人才
	实施效果		
	双主体		
	一体化设计		
	工艺课程		

---

① 非突变词汇使用斜体形式标注。

续表

时间	X3（突变词汇）	Y3（突变词汇）	相同热点
2015—2018 年	创新创业教育	课堂教学方法	
	实践能力	"SPOC"（Small Private Online Course，小规模限制性在线课程）	
	专业建设	项目化教学	
	产教融合	商品学	
	专业教育	创业能力	
	微课程	毕业综合实践	
	学习需求	以学生为中心	
	职业素养	产教融合	
	实训课程		
	思政理论课		

时间	X4（非突变词汇）	Y4（非突变词汇）	相同热点
2019 年	教学改革	教学改革	第一组：课程思政
	人才培养	实践教学	
	课程思政	现代学徒制	
	创新创业	人才培养	
	教学模式	课程思政	第二组：教学改革
	高职学生	产教融合	
	人才培养模式	人才培养模式	
	产教融合	校企合作	第三组：人才培养模式
	实践教学	课程体系	
	创新创业教育	教学模式	
	校企合作	翻转课堂	第四组：校企合作
	职业素养	课程改革	
		互联网＋	
		商务英语	

续表

时间	X4(非突变词汇)	Y4(非突变词汇)	相同热点
2019 年		改革与实践	
		混合式教学	
		高职学生	
		高职英语	

第一,分析 X1 和 Y1 数据集中的热点词汇。

X1 的课程目标相关词汇为:"职业能力""素质教育"

X1 的课程内容相关词汇为:"机械类专业"

X1 的课程实施相关词汇为:"工学交替""订单培养""双证制""五位一体""学分制"

X1 的课程评价相关词汇为:"形成性考核""学分制"

Y1 的课程目标相关词汇为:"职业技能"

Y1 的课程内容相关词汇为:无

Y1 的课程实施相关词汇为:"实验教学""教学创新"

Y1 的课程评价相关词汇为:无

第二,分析 X2 和 Y2 数据集中的热点词汇。

X2 的课程目标相关词汇为:"专业内涵建设"

X2 的课程内容相关词汇为:"思想政治理论课""商务英语""创新创业教育""工商管理类专业""工艺课程"

X2 的课程实施相关词汇为:"工作任务驱动""基于工作过程的教学""教学体系""教学资源共享平台""实施效果""双主体""一体化设计"

X2 的课程评价相关词汇为:"双主体"

Y2 的课程目标相关词汇为:"专业能力""区域经济和创新型人才"

Y2 的课程内容相关词汇为:"专业特色""商务英语"

Y2 的课程实施相关词汇为:"基于工作过程的教学""可持续发展""项目教学法""中高职衔接""实训基地建设"

Y2 的课程评价相关词汇为:无

第三,分析 X3 和 Y3 数据集中的热点词汇。

X3 的课程目标相关词汇为:"实践能力""学习需求""职业素养"

X3 的课程内容相关词汇为:"创新创业教育""专业建设""专业教育""思政理论课"

X3 的课程实施相关词汇为:"产教融合""微课程""实训课程"

X3 的课程评价相关词汇为:无

Y3 的课程目标相关词汇为:"创业能力"

Y3 的课程内容相关词汇为:"商品学"

Y3 的课程实施相关词汇为:"课堂教学方法""SPOC""项目化教学""毕业综合实践""以学生为中心""产教融合"

Y3 的课程评价相关词汇为:无

通过对比发现,X1、X2 和 X3 数据集中的工作热点更具有系统性,相较于 Y1、Y2 和 Y3 数据集,涵盖了课程目标、内容、实施和评价的所有方面。Y1、Y2 和 Y3 数据集中,课程评价相关的工作热点始终缺失,这说明该项工作在该段时间阈值中尚未引起关注。

3. 小　结

根据文献计量分析结果,"高水平"案例高职院校的数据热词突变周期较短,这可能是因为其计划目标的可行性较高。相对于一般案例高职院校,这类案例的课程管理实践更具可行性。随着高职教育基本政策的演变,将中观管理目标转化为微观课程管理目标成为管理工作的重要环节。课程管理应涵盖课程目标、课程内容、课程实施和课程评价四个方面。在 X 数据集中,不断出现的突变热点工作以及阶段性热点演变的环比振荡说明"高水平"案例高职院校的课程管理工作具有较高的可行性。这种突变持续发生,常态化演变不断进行。而在 Y 数据集中,阈值差的先升后降趋势表明一般案例高职院校的课程管理工作可行性较低,因此呈现长周期弱振荡的权变状态。这些案例需要更多时间来精准定位权变目标并全面推动权变工作。综上所述,这些结果表明高职课程管理权变的情况具有一定的复杂性,需要通过进一步的文献内容分析来深入剖析。

第四节　浙江高职院校的课程管理实践长期焦点演变

在上一节中，我们对出现频次较低但变化频率较高的主题关键词进行了检测，这些关键词揭示了短期工作热点的演变。接下来，我们将对全文献文本的词频进行统计，以便梳理出高频词。通过这种方式，我们能够清晰地了解长期工作热点的演变。这些高频词还揭示了高职院校课程管理中的基本矛盾。这样，我们就可以更加全面地理解和分析课程管理的各个方面，包括短期和长期的工作热点演变，即课程管理实践中的权变现象。

一、非受控关键词遴选和数据收集

本节旨在深度分析高职课程管理的权变情况。在广度分析的过程中，我们发现研究成果的影响力与所反映的信息质量成正比。随着文本数量的增加，干扰因素也会增加。为了深入分析"高水平"案例高职院校的课程管理整体权变实践情况，我们选择 CNKI 作为数据源，收集符合研究目的和意义的文献。我们聚焦于作者来自"高水平"案例高职院校、与高职课程相关且具有较大影响力的论文。

然而，使用"高职课程管理"作为关键词，或将"高职"和"课程管理"作为关键词进行搜索时，相关研究文献数量较少。已有的与高职课程相关的研究主要围绕高职课程的目标、内容、实施和评价展开，这与本研究关注的内容相符，也是本研究聚焦的高职课程管理各个方面。因此，为了尽可能收集高信息质量的样本，我们选择了"高职"和"课程"作为关键词，并选取具有较大影响力的论文作为文献分析对象。

为了进一步分析"高水平"案例高职院校的课程管理整体权变实践情况，本研究选择了具有较大影响力的与高职课程相关的文献作为分析对象。这些文献涵盖了不同时间阈值内一线研究中最关心的问题。显然，在本研究中，详细分析所有高频词汇是不现实的，但可以通过研究这些一致或相反的微观热点来梳理一线研究关注的问题的价值导向，并回答这些问题对研究所产生的影响。关注课程问题反映了人们对于"好"课程的期望，即"理想的课程应该做什么"。而课程活动实践则是课程的实效体现，反映了在实践中"应该做什么"的课程实际上"做了什么"。这种追溯不仅是课程管理思想的体现，也是对课程管理实践的反思。通过对课程的追溯，可以解决课程资源有限性与效能最大化之间的矛盾。因此，这种追溯是解决课程管理矛盾的重要途径、手段或策略。

用"高职"和"课程"作为关键词，设置时间阈值为以下四个区间："2005年1月1日至2009年12月31日""2010年1月1日至2014年12月31日""2015年1月1日至2018年12月31日""2019年1月1日至今"。针对每个时间阈值，选择6所案例高职院校作为作者来源，进行主题搜索以进行广度查询。在每个时间阈值和每所高职院校的每次搜索中，设置所有条件之间的逻辑运算符为"AND"，即需要同时满足所有条件。

根据以下标准对获取的文献进行筛选：被引次数超过50次[1]，或者发表在64本教育核心期刊上[2]。其中，教育核心期刊主要包括《中国职业技术教育》《职业技术教育》《教育与职业》《高等工程教育研究》《中国高教研究》和《高等教育研究》等。通过人工干预[3]，剔除与研究目的和意义不符的通知、说明和书评等文献，最终得到目标文献数量如下所示：

2005年1月1日至2009年12月31日：24篇；

2010年1月1日至2014年12月31日：35篇；

---

[1] 截至2021年3月13日。

[2] 在知网期刊导航（https：//navi.cnki.net/knavi♯）中，设置刊名（曾用名）为"教育"，且杂志类型为核心，共获得64本期刊，作为本研究的文献来源期刊。

[3] 《中国成人教育》作为北京大学《中文核心期刊要目总览》来源期刊的时间详情：1996年（第二版），2000年版，2004年版，2008年版，2011年版2014年版；《职教论坛》作为北京大学《中文核心期刊要目总览》来源期刊的时间详情：1992年（第一版），2008年版，2011年版，2014年版，2017年版；《商业会计》作为北京大学《中文核心期刊要目总览》来源期刊的时间详情：1992年（第一版），2008年版；《中国商论》作为北京大学《中文核心期刊要目总览》来源期刊的时间详情：2004年版，2008年版；《教育探索》作为北京大学《中文核心期刊要目总览》来源期刊的时间详情：1996年（第二版），2000年版，2004年版，2008年版，2011年版，2014年版。目标文献中去掉了2014年5月刊载于《新课程研究（中旬刊）》谢春苗的《基于微课的翻转课堂教学模式研究——以高职〈基础会计〉实训课为例》。该文章虽然具有高引用量，但因该杂志未标注影响因子，不属于匹配本研究高质量研究成果的筛选标准。

2015 年 1 月 1 日至 2018 年 12 月 31 日：23 篇；

2019 年 1 月 1 日至今：5 篇。

二、jiebaR 分词及剖判

1. 分析的目的和流程

本部分旨在使用 jiebaR 中文分词技术对目标文献进行全文分词并统计词频，以深度剖析高职课程管理的权变情况，形成科学认知。

首先，对目标文献进行整理，删除参考文献和英文摘要等干扰因素。

其次，根据时间阈值进行分类，并进行无量纲处理后合并。四个时间阈值分别是："2005 年 1 月 1 日至 2009 年 12 月 31 日""2010 年 1 月 1 日至 2014 年 12 月 31 日""2015 年 1 月 1 日至 2018 年 12 月 31 日"和"2019 年 1 月 1 日至今"。

再次，将处理后的文献导入 R Studio，添加自定义词库，准备工作引擎，设置停词库。重点关注多组合词①，利用 jiebaR 分词技术中的 stripdata 函数进行词频分析。这包括对中文句子进行切分，使用 stripword 函数去除停用词、空格、换行符、标点符号等特定字符，并去除分词结果中长度小于等于 2 的语气词。

最后，生成分词结果表格，去除表格中的字母和数字，进行词频统计，并按降序排列，选取词频最高的 100 个关键词（详细情况见附录）②。

2. 分析的结果

（1）聚焦的问题

使用 wordcloud 技术将词频统计结果绘制词云，如图 4-17、图 4-18、图 4-19 和图 4-20 所示。

---

① 专业名词通常以词组形式出现，比如，"课程体系""课程改革"。为了降低干扰，分词时设置为双单词以上组合词汇，即"人才"是单词，"培养"是单词，"人才培养"是双单词组合，"人才培养模式"是三单词组合。此分词法虽然会对三单字单词的识别造成困扰，比如"学分制"，但本研究的样本中，并没有关于学分制的探讨。因此，本研究中的分词方法能较为科学客观地反映研究聚焦的问题，可以较好地达到研究目的。

② 附录各时间阈值的词频最高的前 50 个关键词。

图 4-17 "高水平"案例高职院校 2005 年至 2009 年核心工作

4-18 "高水平"案例高职院校 2010 年至 2014 年核心工作

图 4-19 "高水平"案例高职院校 2015 年至 2018 年核心工作

根据词云图 4-17 的结果,可以得出以下结论:在词云图中,出现频率较高且具有重要意义的核心词汇包括"工学结合""人才培养"或"人才培养模式""校企合作""职业能力""教学质量""课程开发"和"精品课程"。这类词汇在研究中占据着重要的位置,反映了高职课程管理的关键方面。

通过观察词云图 4-18 的结果,我们可以得出以下结论:出现频率较高

图 4-20 "高水平"案例高职院校 2019 年以来核心工作

且具有重要意义的核心词汇包括"人才培养""工学结合""校企合作""人才培养模式""职业能力""职业道德""区域经济""课程体系"和"教学资源库"。这类词汇在研究中具有显著的重要性，反映了高职课程管理的关键要素。

根据词云图 4-19 的结果，我们可以得出以下结论：频率较高且具有重要意义的核心词汇包括"人才培养""创新创业""现代学徒制""课程体系"和"高等教育"。这类词汇在研究中具有显著的重要性，反映了高职课程管理的核心概念和关注点。

根据词云图 4-20 的结果，我们可以得出以下结论：频率较高且具有重要意义的核心词汇包括"现代学徒制""人才培养""订单培养""校企合作""职业技能"和"教学资源"。这类词汇在研究中具有显著的重要性，反映了高职课程管理的核心概念和关注点。

因此，在四个时间阈值内，所有研究的关注焦点都集中在以下两个方面：一是关注高职课程的价值，二是研究高职课程的功能。这两个方面是一线研究最为关注的内容，也是那些符合搜索条件且具有影响力的研究成果的重要原因。

高职课程的价值指的是课程应该发挥的作用，而高职课程的功能则是指课程实际上发挥的作用。高职课程的价值是课程应该达到的表现，而高职课程的功能则是课程在实践中实际释放的效果和功效。我们必须区分功能的客观结果和价值的主观意向（Merton et al.，1990）。

根据图 4-17、图 4-18、图 4-19 和图 4-20 可以得知，"人才培养"或"人才培养模式""职业能力"或"职业技能"这类词汇反映了高职课程研究主要关注人才培养和为区域经济发展提供所需人力资源的价值导向，即研究其

"应然"。而"校企合作""工学结合""现代学徒制""订单培养"和"区域经济"等词汇则反映了高职课程研究如何实现人才培养和为区域经济发展提供所需人力资源的功能导向,即研究其"实然"。

(2)权变管理的情况

整理各词云图中词频最高的 50 个词,并按照词频数降序排列,绘制表 4-8。需要注意的是,由于第四个时间阈值的文本数量较前三个时间段少,只有 5 篇文献,因此词频结果可能存在偏差,导致"现代学徒制"成为最热点词汇。不过,仍然可以通过这些词频结果观察到高职课程管理实践的权变情况。

表 4-8 各词云图词频最高的 50 词

2005—2009 年 (24 篇)	2010—2014 年 (35 篇)	2015—2018 年 (23 篇)	2019 年— (5 篇)	核心热点说明
工学结合	人才培养	人才培养	现代学徒制	1. 覆盖四时间阈值词汇(使用黑体标注):
校企合作	工学结合	现代学徒制	财务指标	
人才培养	校企合作	创新创业	订单培养	人才培养
人才培养模式	课程体系	课程体系	人才培养	人才培养模式
职业能力	人才培养模式	高等教育	校企合作	校企合作
教学质量	教学资源库	产教融合	职业技能	课程体系
财务管理	职业道德	教学模式	教学资源	专业课程
教学内容	区域经济	校企合作	课程体系	课程内容
精品课程	职业能力	专业教育	财务管理	2. 能力热点相关词汇(使用黑斜体字标注):
创业教育	高等教育	专业课程	教学模式	
课程开发	教学内容	航空工业	等级证书	职业能力
课程体系	教学改革	人才培养模式	运行机制	实践能力
实践教学	实践教学	资格证书	工学结合	创新能力
项目化教学	可持续发展	课堂教学	人才培养模式	适应能力 操作能力
身体素质	教学资源	电子商务	试点工作	3. 课程热点相关词汇(使用下画线标注):
市场营销	产学研结合	教学内容	区域经济	精品课程
高等职业	培养目标	课程内容	教学设计	课程开发 课程设计

续表

2005—2009 年 (24 篇)	2010—2014 年 (35 篇)	2015—2018 年 (23 篇)	2019 年— (5 篇)	核心热点说明
电子技术	教 学 质量	理论知识	上市公司	4. 教学相关词汇（使用文字框标注）： 教 学
订单培养	精品课程	中国台湾	**专业课程**	
管理信息系统	教学模式	***实践能力***	财务报表	
教 学 改革	**专业课程**	智慧课堂	产教融合	
实训基地建设	教 学 方法	专科学校	教 学 内容	
专业知识	专门人才	澳大利亚	良性循环	
教 学 模式	专业建设	***职业能力***	信息技术	
高等教育	财务管理	翻转课堂	管理体制	
培养目标	课堂教学	职业资格	职业素养	
电子商务	现代学徒制	***创新能力***	财务数据	
课程内容	师资队伍	行业协会	管理模式	
形成性考核	中高职衔接	教 学 方法	课堂 教 学	
教 学 管理	理论知识	教 学 改革	计算方法	
适应能力	***实践能力***	兼职教师	教 学 目标	
教 学 目标	毕业设计	教 学 质量	**课程内容**	
高职高专	生产工艺	可持续发展	全面推行	
兼职教师	专业特色	人才需求	优势互补	
课程设计	职业资格	社会科学	主管部门	
实践能力	课程开发	财务管理	专业教育	
教 学 方法	**课程内容**	技术人员	资源共享	
教 学 活动	内涵建设	经济社会	保障制度	
高等学校	职业素养	教育技术	财务会计	
国际贸易	教 学 管理	培养目标	发达国家	
师资队伍	第二课堂	专业知识	分析报告	
体育锻炼	行业协会	毕业设计	会计专业	
职业院校	兼职教师	工学结合	角色扮演	

2005—2009 年 (24 篇)	2010—2014 年 (35 篇)	2015—2018 年 (23 篇)	2019 年— (5 篇)	核心热点说明
商业银行	管理制度	实践 教 学	教 学 创新	
职业技能	紧密结合	数控机床	教 学 方法	
专业课程	科学研究	区域经济	教 学 组织形式	
计算机信息	职业技能	*操作能力*	教育资源	
数控机床	工作岗位	创业教育	金融学院	
中国台湾	基本技能	管理制度	课堂 教 学	
金融管理	经济社会	技术创新	普通高中	

首先，与"覆盖四时间阈值"相关的词汇是一直以来的工作热点。

一是课程实现"人才培养"目标。二是"人才培养"的目标通过"校企合作"这种"人才培养模式"来实现，这需要推进"课程体系"的建设，关注"专业课程"的"课程内容"。

其次，与"能力热点"相关的词汇也一直是工作的热点。

能力目标是人才培养的具体目标，用于定义人才培养的方向。这些目标包括"职业能力""实践能力""创新能力"和"适应能力"。这些目标与高职教育作为一种与普通教育不同的类别教育密切相关。"职业能力"是面向职业发展的，"实践能力"则关注高职高技能人才的技能特点，而"创新能力"和"适应能力"则面向区域经济的发展以及社会对人力资源需求的变化。

再次，与"课程热点"相关的词汇是一直以来的工作热点。

"精品课程"不仅仅指具有一流教师队伍、一流教学内容、一流教学方法、一流教材、一流教学管理等特色的示范性课程，也是促进现代信息技术在教学中的应用的可以共享的优质教学资源。这需要不断进行"课程设计"和"课程开发"。因此，课程管理的信息化推进工作一直伴随着教育创新的推进和教学改革的深化。

最后，与"教学"相关的词汇也是一直以来的工作热点。

由表 4-8 可见，长期以来，相较于课程内容的编制即教学目标和内容的拟定,课程管理更加注重课程实施。教学是课程实施的主要表现形式,而随着教育活动系统内部要素情况的改变,课程实施也随之改变,同时也受到教育系统外部环境的影响。例如,表中出现的"项目化教学""翻转课堂"和"角色扮演"就是不同的教学方法,"智慧课堂"是基于信息技术的变迁而改变的教学实施环境。

因此,高职课程管理是一个处于权变情况下的过程,而基于外部环境变化的权变是管理实践中常见的情况。在这种权变中,关键是如何处理一直存在的课程管理问题,确保高职课程管理的实际效果符合所期望的目标。

第五节　浙江"高水平"高职院校课程管理的根本功能和基本原则

一、焦点演变的限度:促进个体发展

通过上一节的词云图分析可得知,促进个体发展是"高水平"案例高职院校课程管理实践的核心功能。

课程管理的功能可以分为个体功能和社会功能。个体功能指对个体的生存和发展产生的作用和影响,而社会功能指对社会的稳定、运行和发展所带来的影响。课程管理的核心功能是为个体提供教育,促进其生存和发展。通过成功接受教育的个体成为社会所需的人力资源,积极推动社会的稳定和发展,进而实现课程管理的附带功能。通过高职课程管理活动,实现高职教育的公民教育和为社会提供人力资源的功能,是"高水平"案例高职课程管理实践的主要目标。

进一步梳理这些词云图发现:

2005 年至 2009 年,前十个关键工作内容包括"工学结合""校企合作""人才培养""人才培养模式""职业能力""教学质量""财务管理""教学内容""精品课程"和"创业教育"。

2010年至2014年,仍然保留了"人才培养""工学结合""校企合作""课程体系""人才培养模式"和"职业能力",但"教学内容"和"精品课程"转变为"教学资源库",体现了教学内容资源的一体化和数字化建设趋势,以适应社会科技发展的需求。此外,"职业道德""区域经济"和"高等教育"具体指向了高职院校课程管理的重点领域,强调人才的道德素养、技能的提升和面向地方经济的适应性。

2015年至2018年,仍然以"人才培养"为最高词频词汇,但是出现了"现代学徒制",标志着高等职业教育的课程管理模式出现了全新形态。而"创新创业"的出现,创新了人才出路途径。"课程体系""高等教育"和"校企合作"仍然上榜,但"产教融合"的出现意味着高职的课程管理实践由专业课程向专业课程群转变,课程管理由面向企业转而面向产业,开始探寻适应产业全链路人力资源需求的管理路径。"专业教育"和"专业课程"作为热词,也正印证了"高水平"案例高职院校群对课程管理转型的关注和探索。

2019年至今,"现代学徒制"成为高职院校课程管理实践工作的最热点。排名前十的仍然有"人才培养""校企合作"和"课程体系",但是出现了"财务指标",再次出现了"财务管理",而"订单培养""职业技能""教学资源"和"教学模式"也成为热词。财务的大热是高职院校课程管理的权变表征。2019年是我国个人所得税新政实施的第一年,财务人员的知识技能升级因此成为热点话题,"财务指标"首现,成为前十热词。

因此,"高水平"案例高职院校的课程管理实践以对个体的促进为工作核心,旨在通过对个体的促进发展作用,产生对社会的促进发展作用。

二、焦点内容的变革:保守和超越有机结合

基于案例深度分析的结果,高职院校课程管理实践具有不变的本质和相对稳定的工作焦点,"人才培养""工学结合""校企合作"和"课程体系"长期占领十大焦点工作内容榜单。高职课程实施的基本功能之一是知识传

承，即将上一代从祖先那里继承下来的知识传递给下一代。这种保守性的功能确保了教育活动对人类物质文明和精神文明的继承。因此，与此相关的课程管理实践也具有保守性。但与此同时，高职院校课程管理活动也在不断更新和变革，促进和引领人类社会的发展。

2005 年至 2009 年，电子技术、电子商务、国际贸易、计算机信息、金融管理和专业英语等领域凸显出高职院校课程管理实践中的热点。这一趋势与课程管理实践的目标之一，即适应当地社会发展需求密切相关。值得特别提及的是，杭州作为知名的"阿里巴巴"之乡，见证了阿里巴巴集团的快速崛起。自马云于 1999 年正式成立阿里巴巴集团起，该公司经历了一系列重要的发展里程碑，如 2000 年的首轮融资达 2000 万美元，2002 年全年实现正现金流入，2003 年创立淘宝网，并于 2004 年进行 8200 万美元的第二轮融资，成为当时中国互联网界最大规模的私募融资案例。随着业务规模的不断扩大，阿里巴巴于 2009 年并购了口碑网，并于 2011 年将淘宝网拆分为三家独立公司，即淘宝网、天猫和淘宝商城。阿里巴巴的迅猛发展离不开高职院校为其输送的具备支撑性技能的人才，而这些优质人才的培养成果正是高职院校优质课程管理实践的显著成果。

2015 年至 2018 年，"航空工业"成为优质案例高职院校课程管理实践中突出的热点。这一趋势源于浙江民用航空产业在 2017 年后的迅猛发展，被形容为"振翅高飞"。浙江地区涌现出一系列从事大型飞机及相关零部件制造的民营企业，如西子航空，其成为波音、空客、庞巴迪等国际民用航空巨头的供应商。在 2017 年之后，西子航空进一步扩大了其业务范围，涉足大型飞机制造，并与商飞集团展开了波音项目。此外，浙江还规划了多个航空特色小镇，如建德航空小镇、德清通航制造小镇、平湖九龙山航空运动小镇等，致力于打造杭州湾成为国际化的航空制造高地和通用航空业发展的示范区，同时借助大湾区建设，培育了"外资＋民资＋国资"的发展主体。因此，高职院校课程管理实践紧密配合航空制造基础供应链体系的巨大变革，开展相应工作。

经过对本章研究的综合分析，我们可以得出以下重要发现：高职院校课程管理实践的主要特点是联动国家政策和应对地方人力资源困境。这一特点表明在课程管理中,高职院校与国家政策密切合作,以应对地方人力资源的挑战。无论是"高水平"案例高职院校还是一般案例高职院校,在整体上都采取了根据高职课程本质特征进行权变的课程管理实践。这意味着高职院校在实践中不断调整和优化课程,以适应不断变化的教育环境和就业需求。

然而,尽管在权变课程管理实践中存在共同的特点,但具体应对政策环境方面的管理实践却呈现明显的差异。这表明管理实践受到外部因素的影响程度有所不同。在这种差异中,浙江省的宁波和温台试点区具有明显的特色,展现了浙江省在宏观层面上的高职院校课程管理实践中的管理创造力。这些地区在实践中注重个体发展,通过创新的管理实践活动,使课程管理既保持着传统的保守性,又具备超越性的创新。

第五章　结　论

高职院校的课程管理应遵循随机制宜的权变管理方法论原则,开展不拘一格、灵活变通的管理实践。这种实践从主体的视角来看,至少包括学校主体、校长主体和教师主体等多个层面的参与。

第一节　理解权变的高职院校课程管理

权变理论不仅是指导高职院校课程管理活动开展的方法论,也是学校在特定的内外环境条件下实施管理实践的具体策略和途径的理论依据。

一、特定情境的最优管理方法

权变管理方法在特定情境下展现出其作为最优管理方法的特点。它遵循随机制宜的方法论原则,针对不同的高职院校课程管理目标和任务,采用适合的具体管理方法和模式,实现有效的管理效果。通过利用决策环节和领导环节的实践优势,高职院校能够更加科学、显著和可行地应用权变管理,取得优异的管理成果。高职院校在课程管理实践中面临着瞬息万变的外部环境,因此需要根据高职教育基本政策的演变情况,灵活运用各种权变管理的具体方法,产生针对具体问题的解决策略和途径。

优化高职院校的课程管理实践应基于系统观,将学校视为与其环境不断相互作用而得以发展的开放系统,强调管理活动与学校所处的具体环境相适应。高职院校需要紧密结合具体环境条件,不断变化、不拘一格地选择最优管理方法和模式,将学校视为一个动态的、相互关联的系统,与外部环境进行不断的适应互动。这种最优管理能够推动高职院校的课程管理朝着更高效、创新的方向发展,以保持竞争力和适应性。

为实现最优管理,高职院校还应重视创新性和前瞻性,积极寻求新的管理思路和方法,以适应新的需求和挑战。创新可以涉及管理策略、组织结构、教学方法等方面,引入新的理念和实践,更好地满足学生的需求,提高教育质量。

此外,高职院校应注重合作与共享。在面对复杂的课程管理任务时,各个高职院校可以相互合作,分享经验和资源,共同解决问题。合作可以体现在校际合作交流,也可以是与企业、社会组织等外部合作伙伴的合作,充分发挥各自的优势,实现资源的共享和优势互补,提升整体的课程管理水平。

二、随机制宜的管理方法论

权变理论作为一种方法论,指导着高职院校在课程权变管理实践中采用多种具体方法。它提供了一种关于以环境为自变量、管理为因变量的函数关系,旨在根据组织管理活动所处的内外环境因素,为了有效实现组织目标和任务,选择适合的管理观念和方法。

在高职院校的课程管理实践中,成功运用权变管理的关键在于充分了解学校内外的状况,并能够找到有效的应变策略。这涉及学校各个子系统内部及子系统之间的相互联系,以及学校与环境之间的联系。通过进行综合分析,确定不同变量之间的关系类型和结构类型。根据具体条件,寻求最合适的管理模式、方案或方法,以满足课程管理的需求。

为了实现随机制宜的管理方法论,高职院校需要建立一个开放、灵活的管理体系。这包括建立有效的信息收集和分析机制,以及与内外部利益相关者进行密切合作与沟通,以能够及时调整课程管理策略,保持竞争力和应对变化。

高职院校还应注重创新和实践。创新包括课程设计、教学方法、评估方式等方面，通过引入新的理念和实践，不断改进管理方法，提升课程管理效能。实践是检验管理方法有效性的重要手段，高职院校应鼓励教师和管理者积极实践，并通过反馈机制不断优化管理方法。

为了实现这一目标，高职院校首先应建立一个敏感的环境感知机制，通过不断收集、分析和评估内外部环境的变化，及时发现和理解可能对课程管理产生影响的因素和趋势。其次，应强调灵活性和适应性，充分认识到每个高职院校的特殊性和差异性，根据实际情况和需求，选择最适合的管理方法和策略。再次，要鼓励创新和实验，高职院校应积极引入新的理念和实践，尝试新的课程设计、教学模式和评估方式，不断探索适应变化环境的新途径。最后，要加强内外部合作与协同，与教师、学生、企业和政府等利益相关者共同参与课程管理，通过协作、沟通和共享资源，实现更有效的管理成果。

三、不同主体的权变管理方略

高职课程管理实践需要从管理方法论到管理方法、从管理理论到管理实践的转变。在面向管理实践的三大主体——高职院校、校长和教师的共同努力下，已有的高职课程管理实践能够为未来的高职院校课程管理实践的优化提供启示和方略。

1. 高职院校：理念先行，不断践行

高职课程管理实践应以高职院校为主体，秉持"理念先行，不断践行"的原则。在管理中，应以育人为核心，遵循演变规律，发扬传统文化，并以创新驱动力推动管理的持续发展，以更好地服务于高职教育的发展，实现培养高素质人才的目标。

（1）以育人为管理价值核心

在不断变迁的教育形态和外部环境变化的挑战下，高职院校作为课程管理活动的主体，必须始终从自身的教育价值出发，不断探索适应时代需求的教育功能实现的方略，同时解决变迁限度的问题。这意味着高职院校

需要审视自身的使命和定位,紧密关注社会发展趋势以及行业的需求变化,不断优化学生的实践学习,为学生提供更广阔的实践学习途径和个性化的学习支持,及时调整和优化课程设置,确保教学内容与实际应用相契合,也要在教授实际应用知识的同时,传承学科基础知识,以确保知识体系具有相对稳定性。

一方面,高职院校需要在课程管理实践中以灵活性和适应性为原则,面向行业的最新发展趋势和技术需求及时调整和优化课程设置。这需要采取以下措施。

首先,建立与行业和社会的紧密合作机制。与企业、专业组织等合作伙伴保持良好的沟通与协作,深入了解行业的变化趋势和技术创新,及时调整课程设置和教学方法,使之紧密贴合实际需求。同时,加强与行业专家和实践导向的教育机构的合作,借助他们的专业知识和实践经验,提供学生实际应用技能的培训和指导。其次,加强教师的专业发展和能力培养。为教师提供持续的培训和专业交流机会,使其具备更新知识、了解最新行业动态的能力,以引领学生在不断变化的社会中持续发展。此外,关注学生的综合素质培养。注重培养学生的创新思维、实践能力和团队合作精神。通过引入项目驱动的学习、实践课程和社会实践活动,使学生能够在实际场景中应用所学知识,并培养解决实际问题的能力。最后,加强课程管理的评估和质量监控。建立健全的质量保障体系,通过定期评估和反馈机制,及时了解课程管理的效果和存在的问题,并采取相应的改进措施。充分利用现代技术手段,收集和分析学生的学习数据和反馈意见,以精确评估学生的学习成果和发展情况。

另一方面,还要在教授实际应用知识的同时,传承学科基础知识。知识体系的相对稳定性是高职院校课程管理活动的重要方面。尽管社会在不断变化,技术在不断进步,但基础学科知识是学生综合能力发展的基石。高职院校应注重学科基础知识的传承,确保学生具备坚实的学科基础,能够理解和应用相关的理论知识。这不仅有助于学生在实际应用中具备可持续发展的能力,还为他们未来的职业发展奠定了坚实的基础。

为了确保知识体系的相对稳定性,高职院校可以采取多种策略。首先，建立健全的课程体系，包括核心基础课程和专业课程，确保学生在学习过程中获得全面的学科知识。其次，培养教师的学科专业素养和教学能力，使其能够有效地传授学科基础知识，并结合实际案例和应用场景进行教学，增强学生对知识的理解和应用能力。此外，高职院校还可以加强学科交叉与整合，鼓励学生进行跨学科学习和实践项目，促进不同学科之间的相互融合和知识交流。通过开展综合实践课程和项目，学生能够将多学科的知识融会贯通，培养跨学科思维和解决问题的能力，同时巩固和拓展学科基础知识。

（2）以演变规律为管理尺度

在高职院校课程管理实践中，课程管理目的、内容和问题等不断变化。这种变化是局部矛盾的演变，主要体现为高职院校资源有限性和其价值实现之间的矛盾。从根本功能的视角来看，这是人民日益增长的受教育需要和不平衡不充分的高等教育发展之间的矛盾，即教育资源的结构性矛盾的伴生品。

高职院校应该确立以"人的生命成长"为价值尺度，将学生的全面发展放在首要位置，注重培养学生的创新思维、实践能力和团队合作精神。这要求管理者深入研究教育领域的发展趋势和变革规律，准确把握学生需求和社会需求的变化趋势，以此为依据进行课程管理的决策和调整。高职院校应积极鼓励教师和学生在课程管理中创新教学方法、创设实践环境，培养学生的创新思维和问题解决能力。

高职院校的课程管理应保持开放性，在紧握价值尺度的基础上，积极拥抱变化和创新，与行业、社会和企业进行紧密合作，及时调整和优化课程设置，使学生所学的知识和技能与实际需求相契合。高职院校还应与企业、社会组织等合作伙伴建立紧密联系，开展创新项目和实践活动，培养学生的实践能力和创新精神，使他们能够在日新月异的社会中持续发展并取得成功。这要求高职院校在课程管理中积极引入先进的教育技术和在线学习资源，为学生提供灵活的学习方式和个性化的学习支持。通过创新的教学模式和学习平台，学生可以获得更广阔的学习空间和更丰富的学习资源，从而激发他们的学习兴趣和动力。同时，高职院校还应积极支持学生参与创新创业实践,为他们提供创新项目的孵化平台和实践机会,培养他们的创业精神和创新能力。

(3)以传统管理文化为管理根基

高职院校课程管理实践的新形态需要从传统管理文化中寻求管理的根基命脉,并构建起有效的权变管理体系。

首先,要加强对中国传统管理文化的认知。高职院校要加强对中国传统管理文化的独特性及其对课程管理实践的影响的认识,深入研究和理解中国传统管理文化的核心价值观和原则,如尊重、稳定、和谐等,以及其在组织管理、领导理念、决策制定等方面的应用。通过对传统管理文化的深刻认知,可以提取其中与课程管理实践相契合的思想和方法,为高职院校课程管理注入传统文化的智慧。

其次,要发扬传统的践行精神。传统管理文化注重实践和行动,倡导以身作则、言行一致。高职院校的教师和管理者应积极践行传统管理文化中的价值观念,成为学生的榜样和引领者;应以身作则,通过实际行动展示出对于课程管理的重视和承诺,引导学生积极参与实践活动,提升实际应用能力。

最后,要深入探索和借鉴中国传统文化的智慧与经验。传统管理文化中蕴含着丰富的智慧和经验,如注重人的全面发展、注重团队合作、以德服人等。高职院校可以结合现代课程管理的需要,将传统文化中的智慧与经验进行创新和转化,形成适应时代要求的管理理念和方法。通过将传统文化与现代管理相结合,可以丰富课程管理实践的内涵,提升管理的有效性和学生的综合能力。应将传统管理文化融入课程内容和教学方法中,组织学生参与传统管理文化的学习和体验,引导学生从中汲取智慧,树立正确的价值观念和行为准则,加强学生对传统管理文化的认同和理解。

除此之外,高职院校的课程管理还应从明确问题域、建立有效的管理对接方式、对管理实践展开多样化探索等方面寻求突破,借鉴先进的管理理念和方法,结合本校的实际情况,制定相应的课程管理策略和措施。

(4)以创新为管理驱动力

在推进课程管理实践的多样化探索过程中,高职院校应鼓励教师和管理者积极尝试新的教学方法、评估方式和学习资源。包括积极探索创新的教学方法，如使用虚拟现实技术、在教育中使用人工智能、使用设计思维过程、基于项目的学习、同伴教学、个性化教学等，以提供更为丰富有趣的学习体验；不断尝试新的评估方式，如综合评价、开放性评价、增值评价等，以更全面地了解学生的学习情况和发展需求；不断更新学习资源，积极引入优质的教材、多媒体资料和在线学习平台，为学生提供便捷的学习途径和个性化的学习支持。

高职院校也应积极借助现代信息技术，构建在线学习平台和资源共享平台。随着信息技术的迅猛发展，高职院校可以利用互联网和移动设备等工具，为学生创造更加灵活和自主的学习环境。通过在线学习平台，学生可以随时随地获取学习资料和参与学习活动，实现个性化的学习体验。同时，资源共享平台的建设可以促进教师之间的交流与合作，共享教学资源和经验，提高教学效果和学生的学习成果。

另外，高职院校还需要在方法论层面上强化文化自觉。这包括加强师资队伍建设，培养具有高度文化素养和教育专业能力的教师。教师应具备深厚的学科知识和教育理论素养，同时也应了解和尊重本土文化和价值观。他们应引导学生在学习和发展过程中树立正确的文化观念和人生态度，培养学生的综合素质和社会责任感。

最后，高职院校应加强对课程管理的评估和质量监控，建立健全的质量保障体系，以不断改进和提升课程管理的水平和效果。评估和监控是课程管理的重要环节，通过对课程的评估和质量监控，可以及时发现问题和改进不足，确保课程的有效实施和学生学习成果的实现。高职院校可以建立评估机制，对课程目标、内容、教学方法和学生评价等进行定期评估，以确保课程与实际需求的契合度和学生综合能力的提升。同时，建立健全的质量保障体系，包括制定相关政策和标准、加强师资培训和发展、完善教学管理机制等，以确保课程管理的连续性、稳定性和持续改进性。

2. 校长：示范引领，战略布局

随着教育政策的不断演变，高职院校的课程管理必须不断调整以适应新的政策要求。高职院校的校长是课程管理活动的核心要素，应充分理解教育政策变迁的阶段演变规律、动力以及每个阶段的特征。这些普遍规律和根本认识是校长率先完成新政策观念接收、理解和转化的前提和基础，赋能其引领改革活动。通过有效的转化和落实，课程管理的改革与发展得以推动。

（1）率先理解、接受并生成新的政策观念

校长作为课程管理活动的核心领导者，应具备敏锐的洞察力和审时度势的能力，率先理解、接受并生成新的政策观念，以便在改革浪潮中迅速做出决策并采取行动，促进多方联动，形成合力。

强化对全校课程管理整体愿景和文化图景的关怀。他们需要与教职员工紧密合作，共同建立共享的改革愿景，并将其传达给整个学校社区。通过与教师、学生和家长的有效沟通，校长能够激发参与者的热情和动力，形成共同推动改革的合力。同时，校长还要引领课程管理改革，以自身的示范作用影响他人，鼓励教师和管理者积极参与改革实践。

运用系统思维和复杂思维，指导全校课程管理改革。改革是一个复杂而庞大的过程，需要全面考虑各种因素的相互作用和影响。校长应具备系统思维的能力，将课程管理改革视为一个系统，理解各个环节之间的关联和相互作用。同时，校长还应运用复杂思维，能够从整体和综合的角度来思考问题，解决复杂情境下的挑战。通过运用系统思维和复杂思维，校长能够更好地指导和推动全校课程管理改革，实现改革目标。

重构管理话语体系。管理话语体系是指管理者在组织内部所使用的语言和概念框架，它对于塑造组织文化和推动改革具有重要作用。校长应该积极倡导并引领使用与新的政策观念相契合的管理话语体系，推动学校课程管理改革的顺利进行。通过重新构建管理话语体系，校长能够为教职员工提供清晰的指导和支持，促使他们更好地理解和接受新的政策观念，并将其转化为具体行动。

（2）以管理想象力引领改革的推动力量

高职院校正进入内涵建设深化阶段，课程管理需要满足国民对高质量高等教育需求和为社会发展提供优秀人力资源的时代要求。在这一背景下，校长们需要以管理想象力引领改革的推动力量，以拥有更宽阔的视野来推动课程管理的发展。

通过展现管理想象力的专业示范和激励引领，促使全校课程实现更充分的权变发展。校长可以以身作则，展现出对创新和变革的积极态度，并鼓励教师和管理团队敢于尝试新的教学方法和课程设计。通过在实践中突破传统思维的束缚，校长能够激发全校教职员工的创造力和创新意识，推动课程管理的不断进步和提升。

通过全新的诠释和站在理解课程管理实践一线立场的沟通表达，帮助全校教师在权变管理方面产生质的飞跃。校长可以与教师们进行深入的沟通交流，分享课程管理的新理念和新观点。通过与教师们的互动和共同探讨，帮助教师们拓宽思维视野，深刻理解权变管理的重要性，并帮助他们清晰认识到制度设置和课程调整对教学效果的重要影响。

营造有利于改革的全校舆论环境，重构课程权变管理的生态文化体系。校长应积极引导和塑造全校师生对于改革的共同认知和支持态度。通过例如组织开展相关研讨会、座谈会和经验分享活动等，为全校营造一个积极、开放和鼓励创新的氛围，激发教职员工的积极性和创造力，推动课程权变管理的实践和改革进程。

（3）通过联动和合力优化管理资源配置的机制

通过联动和合力优化管理资源配置的机制是高职院校课程权变管理的关键策略。在面对不断变化的教育环境和需求的同时，高职院校必须充分认识到资源投入和管理的重要性，将其视为实现管理目标的必然路径和主要支撑。

坚持学院在课程管理资源配置中的主导作用。应该明确并完善相关部门的职责和职能，确保各部门作为资源配置协调机构能够适时出场并具备适应变化的协调方法。这包括建立明确的沟通渠道，促进信息的流通和共享，以及制定明确的决策流程和实行责任分工，确保资源配置的高效运作。

积极引入激励驱动机制，充分发挥广大教师在课程管理资源配置中的重要作用。教师是资源配置的关键参与者，他们的创造力和积极性对于资源的合理配置至关重要。因此，校长应该重视教师的专业知识和经验，鼓励他们提出新的理念和方法,参与资源配置的决策和实施过程,从而提高资源配置的效率和质量。

建立有效的沟通渠道和合作机制也是推动联动和合力优化资源配置的重要手段。校长可以促进不同部门之间的协同合作意识,打破信息壁垒,促进知识共享和经验交流。通过定期召开会议、组织工作坊和研讨会等方式,促进教师之间的互动与合作,激发他们的创造力和积极性,共同参与资源配置的过程,并为课程管理的改进和发展提供有力支持。

此外,还应注重制定激励政策和奖励机制,以激发教师的工作动力和创新潜能,促进资源的合理配置和高效利用。通过设立奖励制度,如表彰优秀的资源配置案例和推动课程管理创新的教师,校长可以激发教师的积极性和创造力,提升整体资源配置的水平和效果。

(4)对症下药、精准发力、不断调整战略布局

对症下药、精准发力、不断调整战略布局是高职院校课程权变管理的重要策略。在实践中,校长必须意识到其重要性,并采取相应的行动来纠正存在的问题和不合理现象,以确保课程管理与未来的相关性和有效性。

基于以育人为核心的课程价值论,审视课程管理实践中存在的人性向度缺失和不合理现象。这包括重视学生个体发展的多样性和差异性,以及关注学生综合素质的培养。校长应该与教师和教务部门密切合作,制定具体的策略和措施,针对不同学生群体的需求和特点进行个性化的课程管理。

不断调整战略布局,以保持课程管理与未来的相关性。随着社会的变化和技术的发展,教育形态和需求也在不断演变。校长应该保持开放性的思维和实践,关注教育趋势和前沿技术的发展,及时调整课程管理的策略和布局,以满足学生的需求和社会的期待。

在调整战略布局的过程中,校长需要与教师和相关部门密切合作,建立有效的沟通渠道和协作机制。这包括定期举行会议、研讨会和工作坊,促进教师之间的互动和合作,共同制定和实施课程管理的战略举措。通过共同努力,可以确保课程管理与学校的整体发展目标相一致,并在实践中取得更好的效果。

此外，校长还应关注管理实践的时效性和实效性。随着社会的快速变化，课程管理需要具备灵活性和敏捷性，以适应不断变化的需求和挑战。校长应鼓励教师不断进行自我反思和专业发展，引入创新的管理方法和工具，提高管理实践的时效性和实效性。

综上所述，新教育政策出台后，作为课程管理实践的主体，校长应深入理解教育政策的演变规律和动力，根据每个阶段的特征灵活调整领导行为；联动多方、形成合力、共享改革愿景、引领课程管理改革，以强化对全校课程管理整体愿景和文化图景的关怀；加强资源投入与管理，优化管理资源的配置机制，确保资源配置的协调性和高效性；对症下药、精准发力，以育人为核心，以面向未来为原则，最终以示范引领为目标，布局改革战略，使本校的实践成为引领他校的典范。

3. 教师：主动适应，科学谋划

在高职课程管理实践中，教师作为课程管理实践的主体，亟须主动适应，以务实行动为抓手贯彻学校战略，包括厘清课程内涵建立管理愿景、锚定权变权力驱动力振作改革自信和把控课程管理适应度以人为本几个方面，协同学校和校长，成为构建课程管理新格局和提升课程管理实践品质的推动力量，引领改革实践。

（1）厘清课程内涵，建立管理愿景

教师应防止自身陷入"为改而变的改变"思想观念迷雾。作为课程管理实践的主体，教师往往在面对新制度的强制推行时产生消极的态度，被动改变。然而，这种为了应付而发生的变化往往是盲目的形式主义迎合，缺乏科学的认识论和内在的驱动力。这种令人迷茫的表面上的变化无法使得所进行的管理实践活动与个体的管理观念和学校整体管理愿景形成逻辑一致，使得课程管理实践有系统性地推进，是表面的变动而非真正的改革。教师应厘清课程内涵，通过摆脱思想观念的束缚，与管理者和同事沟通合作，积极适应变革，寻求创新和高效的管理方法。

改革的关键在于建立一个协同的管理愿景，以引导教师的实践行为。管理愿景缺失导致教师出现"为改而变的改变"的实践困境，使其无法选择适当的管理策略，努力付出却收效甚微。更为不幸的是，这种情况往往伴随着无休止的程序性工作的重复。毫无疑问,这些额外且无效的工作是由于教师缺乏改革的正确方法,不断陷入相同错误的循环之中。这些工作的结果无法与协同改革的评价内涵相契合,使得教师本人感到持续沮丧,背负着消极的心理负担。

在建立管理愿景的过程中,教师需要摆脱思想观念的束缚,以开放的心态接纳新观念和策略。应当意识到重复性和无效性的工作只会浪费时间和精力,并寻求更加创新和高效的管理方法。同时,也需要与同事、管理者和其他相关方进行协同合作,共同制订适应变革的具体行动计划。建立管理愿景需要从整体上思考教育改革的目标和方向,将个体教师的实践与整体的改革目标相协调。这需要教师与管理者之间的密切合作和有效沟通,共同制定可行的策略和目标,以促进教育实践的持续改进和创新。

(2)锚定权变驱动力振作改革自信

锚定权变驱动力振作改革自信是主动参与课程管理实践改革的关键。这些驱动力包括:

基于教育改革和发展需求的驱动力。教育领域不断发展和改革,高职教育也需要与时俱进。教师意识到提供适应性强、与时俱进的课程管理方案的重要性,因此被驱使着开展权变课程管理,以满足学生和社会的需求。

基于学生需求和多样化的驱动力。高职学生具有多样化的背景和需求,教师需要通过权变课程管理来适应不同学生群体的需求,为他们提供个性化和实用性强的课程内容和教学方法。

基于教学实践和反馈机制的驱动力。通过教学实践和反馈机制,教师能够不断了解学生的学习情况和教学效果,发现问题和改进的空间。这种实践和反馈的过程将激发教师开展权变课程管理的驱动力,以提升教学效果和学生学习体验。

基于教师专业发展的驱动力。教师通过不断的进修和专业发展,接触到新的教育理念、方法和技术,意识到改进和创新课程管理的重要性。他们希望通过权变课程管理来融入新的教学思维和实践,提升教学质量和个人职业发展。

基于领导支持和学校环境的驱动力。学校领导层对于教师开展权变课程管理的支持和鼓励是重要的驱动力。学校提供积极的学习和创新环境，鼓励教师进行实践探索和尝试新的课程管理方法，进一步激发教师的驱动力。

在课程管理实践发生变革的时候，教师通常被动接受改变，仅由外部环境驱迫而发生的改革容易导致误读和臆造，并且往往会面临被遗忘和边缘化的风险。相反，主动适应变迁，科学谋划管理，通过内在的驱动力驱动，教师可以在课程管理改革中振作自信。教师要通过强化理念建设、科学制定管理策略、借鉴传统管理文化和提升创新能力，锚定权变驱动力，走出"为改而变的改变"的思想陷阱，重塑对改革的信心。

首先，教师应强化理念建设，以育人为课程管理价值核心。应明确将育人目标置于课程管理的核心位置。通过提升自身的教育理念和育人意识，将学生的综合素质培养放在首位，确保课程管理与育人目标的一致性。

其次，课程管理实践应基于演变规律，制定科学管理策略。教师了解高职教育的演变规律是关键，应紧跟教育发展的步伐，结合高职院校的实际情况，制定科学合理的课程管理策略，确保其与教育规律和趋势相契合，促进教育质量的提升。

再次，课程管理要借鉴传统管理文化，注重创新实践。传统管理文化中蕴含着丰富的管理智慧和经验，教师应该充分发扬这些传统文化的精髓。同时，结合现代管理理念和方法，不断创新管理实践，适应高职教育的快速发展和多元化需求，推动课程管理的创新与进步。

最后，教师要提升创新能力，以创新为管理驱动力。创新是推动课程管理改革的重要动力。教师应积极引入先进的教育技术和教学手段，激发自身的创新意识和实践能力。通过开展教学研究和实践探索，不断改进课程设计和教学方法，推动管理策略的创新与升级。

在实施这些对策的过程中，教师需要加强相关培训和专业发展，提升自身的管理水平和专业素养。同时，要建立健全的评估机制，对课程管理的效果进行定期评估和反馈，及时调整和改进管理策略。此外，积极构建与外部教育机构和行业企业的合作伙伴关系，借助外部资源和智慧，推动课程管理的创新和实践。最重要的是，要鼓励教师和管理者拥抱变化，保持积极的学习态度和创新思维。培养团队合作意识,建立开放的沟通机制,鼓励教师和管理者之间的合作与共享,共同推动课程管理的发展。

（3）以人为本把控课程管理适应度

高职院校课程管理的权变本质在于确保高职教育具有适应性,并以人为核心,旨在培养人才的适应性能力。课程管理的目标是提升学生的适应能力,使其能够应对不断变化的社会和职业需求。然而,仅仅追求适应性是不够的,还需要超越适应性,引领社会的发展。

高职院校课程权变管理具备双重功能,包括提升高职教育的适应性和防止适应性的泛滥。一方面,教师通过灵活调整课程内容和教学方法,包括关注学生的个体差异和需求,充分尊重学生的发展规律和兴趣特点,配套个性化的学习支持机制和评价体系,提供有针对性的教学服务等,满足学生的学习需求,促进他们的全面发展,使学生具备适应快速变化的社会和行业需求的能力。另一方面,课程管理应适应有度,以高等性和教育客观规律为标尺,匡正和重构适应性。这意味着高职教育应该注重培养学生的综合素质和批判思维能力,使他们能够理解和应对复杂的社会现象,并在适应性的基础上发展独立思考和创新能力。

（4）以务实行动为抓手贯彻学校战略

高职教师应以务实行动为抓手贯彻学校战略,将学校战略转化为具体的实践,推动课程管理的有效实施,并为学生的发展和学校的进步做出积极贡献。这包括以下几个方面:

紧密对接学校战略。深入了解学校的战略目标和发展方向,将课程管理与学校战略紧密结合起来。通过对学校战略的理解,明确自己的角色和任务,并将课程管理的具体工作与战略目标对接,确保行动的务实性。

制订可行的行动计划。将学校战略转化为具体的行动计划和目标,制订清晰的时间表和步骤。务实行动的关键在于将战略目标分解为具体的任务,并为每个任务设定可行的目标和指标,以实际行动推进课程管理的落地。

执行力与持续改进。务实行动要求高职教师积极参与课程管理实践并全力以赴。确保任务按时完成,同时不断进行评估和反馈,及时调整行动计划。持续改进是务实行动的核心，通过反思和学习，不断提升课程管理的效果和质量。

联合协作与资源整合。实施务实行动需要高职教师之间的联合协作和资源整合。建立跨学科、跨部门的合作机制，促进知识共享和经验交流，共同推动课程管理的实施。同时，充分利用学校和外部资源，获取支持和帮助，提高行动的可行性和成效。

建立监测和评估机制。引入监测和评估机制，定期检查行动计划的进展和成果。通过数据分析和反馈，评估行动的有效性，并根据评估结果进行调整和改进。这种持续的监测和评估有助于保持行动的务实性和持续性。

第二节　政策产生和动员时期的高职院校课程管理建议

高职院校课程管理政策环境的演变具有阶段性。通过深入了解元政策和具体政策的阶段演变规律，我们能够科学预判政策发展的现状和趋势，并遵循政策演变规律，以本校的具体情况为基础，进行课程管理实践，以达到优化管理的目的。在这个过程中，决策是至关重要的环节。决策是为了实现特定目标而从多个可行方案中选择一个满意方案的分析判断过程。通过决策，我们能够在课程管理中做出明智的选择，推动目标的实现。

一、及时预判新政的改革先机

在政策产生和动员阶段，那些被认为是"高水平"案例的高职院校在课程管理实践中的权变显著性方面表现出了突出的特点。这说明这些高职院校具备了"识别先机"的能力，即对高职教育的元政策和基本政策的变化进行专业预测，从而提高所传递信息的质量，以便识别与改革相关的决策机会。

1. 新政策蕴含改革先机

"高水平"案例高职院校能够识别出新政策中蕴含的改革机遇。根据

第四章的词频突变检测结果，这些案例高职院校从 2005 年开始关注的工作热点包括"工学交替""产学研结合""订单培养"和"职业能力"。从 2006年开始关注的工作热点包括"人才培养模式""双证制""素质教育""五位一体"。而从 2007 年开始关注的工作热点包括"能力本位""学分制"和"形成性考核"。同样在第四章中，一般案例高职院校从 2005 年开始关注的工作热点是"职业技能"，而从 2007 年开始关注的工作热点是"实验教学"和"教学创新"。

通过对课程管理实践进行梳理和反思，我们可以观察到不同高职院校在工作热点上的差异，这说明了"高水平"案例高职院校对教育新政①具有显著的改革先机意识。这些"高水平"案例高职院校从 2005 年开始关注的工作热点包括"工学交替""产学研结合""订单培养"和"职业能力"。而一般案例高职院校从 2005 年开始关注的工作热点只有"职业技能"。

与一般案例高职院校相比，"高水平"案例高职院校不仅认识到了"职业技能"作为课程管理目标的重要性，而且开始着手实施这一目标的课程管理实践，如开展"工学交替""产学研结合"和"订单培养"等课程活动。这表明"高水平"案例高职院校在识别和应对教育改革方面具备更加全面的意识和行动能力。

2006 年，教育部等相关部门相继发布了一系列新政策②。在此背景下，"高水平"案例高职院校在 2005 年的工作基础上，进一步深化了"人才培养模式"的改革，并开展了与"双证制"和"五位一体"相关的工作。在探索能力教育的过程中，他们也开始关注"素质教育"的重要性。而一般案例高职院校的工作没有发生变化。

2007 年，教育部等相关部门再次发布了新的政策③。这些政策针对"示范校"建设工作进行了动员、选拔和管理考评等方面的要求，并对目标任务、主要内容和具体实施步骤提出了具体要求。在此背景下，"高水平"案

---

① 指 2005 年国务院印发的《国务院关于大力发展职业教育的决定》（国发〔2005〕35 号）。

② 指《关于实施国家示范性高等职业院校建设计划加快高等职业教育改革与发展的意见》（教高〔2006〕14 号）与《全面提高高等职业教育教学质量的若干意见》（教高〔2006〕16 号）。

③ 指《国家示范性高等职业院校建设计划管理暂行办法》（教高〔2007〕12 号）与《关于确定 2007年度国家示范性高等职业院校建设计划立项建设单位的通知》（教高函〔2007〕18 号）等文件。

例高职院校在 2006 年的工作基础上，开始开展关于"能力本位""学分制"和"形成性考核"等方面的工作。而一般案例高职院校的工作热点则集中在"实验教学"和"教学创新"方面。

因此，在此期间，浙江省的 5 所高职学校成功入选国家示范性高等职业院校建设计划，成为高职教育领域的国家级"示范校"。这些学校作为"高水平"案例，充分认识到新政策中蕴含的改革机遇。

2. 通过提升专业能力判识信息

高职院校的能否准确识别新政策中所蕴含的改革机遇，取决于信息读取的准确性。因此，高职院校应努力提升专业能力，以获取更加精确和可信赖的信息。

我们以 2005 年的课程管理实践活动为例，对"高水平"案例高职院校和一般案例高职院校进行分析。2005 年，国务院发布了《决定》（国发〔2005〕35 号），其中包含九个方面的内容。在人才培养方面，提出了提高职业能力的职业教育；在以就业为导向的教育教学改革方面，强调了职业道德、职业能力和就业率作为职业院校教育教学工作的重要考核指标[①]。这就是"高水平"案例高职院校中"职业能力"这个热点词的由来。

然而，一般案例高职院校采用了"职业技能"的解读。"技能"（陈至立，2019）是指个体通过反复练习形成的合乎法则的活动方式。技能具有特定的发展规律和学习过程，主要通过示范、模仿、练习和独立等阶段的反复训练来获得，以达到熟练和自动化的程度。而"能力"（中国社会科学院语言研究所词典编辑室，2016）则是指能胜任某项工作或事务的主观条件。因此，根据当代认知心理学的知识分类，"技能"属于程序性知识，而"能力"属于策略性知识。

一般案例高职院校对《决定》（国发〔2005〕35 号）中所蕴含的改革信息发生了误读。这导致在 2006 年，他们的课程管理实践工作没有发生变革。

[①] 《国务院关于大力发展职业教育的决定》（国发〔2005〕35 号）在"以服务社会主义现代化建设为宗旨，培养数以亿计的高素质劳动者和数以千万计的高技能专门人才方面"，提出了"职业教育要为提高劳动者素质特别是职业能力服务"；在"坚持以就业为导向，深化职业教育教学改革"方面，提出了要"进一步深化教育教学改革"，"把学生的职业道德、职业能力和就业率作为考核职业院校教育教学工作的重要指标"。

相反,"高水平"案例高职院校则进行了大刀阔斧的改革。

首先,案例高职院校准确解读了"职业能力"的含义。其次,这些院校积极贯彻了文件中关于"坚持以就业为导向,深化职业教育教学改革"的要求,特别是"促进职业教育教学与生产实践、技术推广、社会服务紧密结合,积极开展订单培养"中的"订单培养"。最后,这些院校在工作中运用了《决定》(国发〔2005〕35 号)中虽未直接提及但处处体现的"工学交替"和"产学研结合"。

因此,低质量或不准确的信息会白白浪费改革的机遇。获取高质量信息是预判改革机遇的基础,而提升所获取信息的质量需要提高专业能力。只要高职院校坚持提升与高职课程管理实践相关的专业能力,以获取高质量信息并进行准确解读,就能提高做出正确决策的可能性。

二、迅速研制实施详案宣传决策的具体内容

具体的实施方案是政策最有效的宣传手段。决策不仅涉及时机把握,还需要对多个可行方案进行最优分析和判断,同时也需要配合动员宣传的支持。一线教师是决策执行的主体,高职院校通过精准解读与高职课程改革相关的元政策和基本政策,及时发布具体的实施方案,能够提高政策宣传和动员的效率,从而提高决策目标的实现效率。

决策的目的是实现既定目标,而目标的实现依赖于一线实践。这需要高职课程管理的元政策孕育基本政策,进而衍生出宏观具体政策和中观具体政策。

2015 年,国家和省级政府出台了关于新阶段工作的新政策①。在 2016 年和 2017 年,浙江省根据产业转型发展对技术技能人才培养和技术创新服务的新需求,结合浙江省区域经济发展现状和趋势,重点打造了"八大万

---

① 2015 年 11 月,教育部印发了《高职教育创新发展行动计划(2015—2018 年)》。浙江省立即响应,省人民政府印发了《关于推进我省高等教育新一轮提升发展的若干意见》(浙政发〔2015〕12 号)和《关于加快发展现代职业教育的实施意见》(浙政发〔2015〕16 号)。

亿产业"①,动态优化专业结构,增设、调整、合并和转变原有专业。通过持续完善与具有区域优势的各个产业链对接的"专业群",培育优势专业和强化特色专业。基于这一基础,浙江省选择了5所省级重点建设高职院校及15所"高水平"高职院校进行建设。

建设过程围绕浙江省主导的优势产业布局,每所建设院校重点选择若干个专业集群,以学校优势特色专业为骨干,聚集一批相关专业,进一步改善专业集群的办学条件和深化专业教学改革,逐步形成一批适应产业发展需求、具有鲜明优势特色和显著效益的专业集群,形成与区域产业分布形态相适应的专业布局,进一步优化全省高职教育的专业结构。

在特色专业具体建设方面,有的学校传承了建筑传统文化和传统技艺,在雕刻艺术专业开设石雕木雕手工技艺传承、石雕木雕创意设计技术等特色方向,并与中国工艺美术大师、中国玉石雕刻大师、黄杨木雕大师签约合作。有的学校构建了以专业平台和专业方向为核心的"大平台细方向"课程体系,突破了专业目录设置的限制,为更好地服务于"一带一路"倡议,在国际商务专业开设了"跨境电子商务方向"。针对新兴产业发展需求,在电气自动化专业增设了无人机方向,在文秘专业增设了新媒体应用方向。还有的学校遵循高等教育规律和学生成长规律,紧密关注企业技术技能人才需求变化,在一个专业中开设了新技术、传统优势技术、特色技能和机电背景复合型等多个专业方向,旨在与产业发展相契合,助推学生的发展。

因此,通过制定和实施层层方案,贯彻教育部的《高职教育创新发展行动计划(2015—2018年)》,改革的决策能够动员到高职院校的实践一线。

三、运用多元沟通解读决策的实施途径

本研究旨在通过公开出版的方式,向实践一线解读已有的决策,以非制度化的沟通形式进行知识传递。

---

① 信息经济、节能环保、健康、旅游、时尚、金融、高端装备制造和文化等。

通过文献分析发现,校长们纷纷公开发表论文,解读该校高职课程管理相关决策,生成课程管理思想,对广大教职工的课程管理实践工作产生了不同程度的影响。研究结果显示,校长们的论文与广大教职工的论文之间存在着互相传承的关系。这种传承关系反映了传递信息和接受信息的一致性,证明信息传递已经成功,并展示了实施效果。因此,非制度化的沟通成为解读实施决策的一种可行途径。通过这种途径,可以对制度化的政策发布①进行补充,使信息传递更加精准,提高广大教职工接收政策信息的质量。

以某"高水平"案例院校 J 学院为例,可以看到在高职课程管理工作的落实过程中,该校作为全国首家高职院校采取了一系列举措②。其中,他们增设了"互联网金融"专业,并在课程实施的各个方面展开了具体工作。

首先,该学校于 2016 年成为中国互联网金融协会高职会员单位,与清华大学五道口金融学院等知名单位一同入会,成为首批中唯一的高职单位。此外,他们与一些相关单位开展合作,连续四年开展订单班,累计招收了 264 名学生。同时,该学校的教学团队出版了国内首套该专业系列教材,填补了新增专业教材领域的空白。此外,他们还主持了教育部教学资源库备选库项目和专业教学标准的开发工作。该学校还承办了 2017 年浙江省互联网金融创业导师培训项目,并成功举办了三次全国高职院校互联网金融教学研讨会,让各地院校共享建设经验,引领全国该专业的教学改革与创新。

这些成果与该校校长在高职教育领域的论文发表情况密切相关。我们对该校校长在高职教育领域的发表情况进行分析,绘制该校长"高职"主题、"高职"和"专业"主题论文年度发表量趋势图(图 5-1 和图 5-2)③。

从 2012 年至今,该校长在高职教育领域一直保持着活跃的论文发表态势,年度发表量稳定在 20 篇左右。在这些发表的论文中,约有一半与

---

①　即通过正式组织行为进行政策发布,例如文件发布、开会发布等。

②　依据《关于推进我省高等教育新一轮提升发展的若干意见》(浙政发〔2015〕12 号)和《关于加快发展现代职业教育的实施意见》(浙政发〔2015〕16 号)中的相关政策展开工作。

③　以该校长为作者,以"高职"为主题关键词,以"高职"和"专业"为主题关键词,在 CNKI 进行广度查询,统计年度发表量。

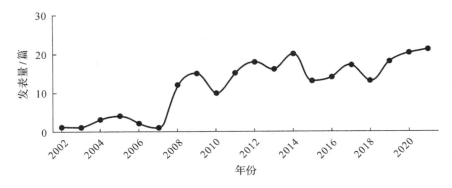

图 5-1　CNKI J 学院校长"高职"主题论文年度发表量

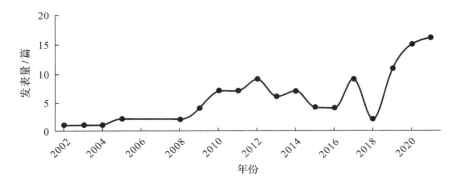

图 5-2　CNKI J 学院校长"高职"和"专业"主题论文年度发表量

"专业"主题相关（学术期刊论文 90 篇），年度发表量为 10 篇左右。值得注意的是，大多数论文都是由这位校长独自撰写完成。

通过这些数据，可以看出该校长在高职教育领域的学术贡献和活跃度之高。他以"高职"为主题关键词的论文数量稳定，同时也关注并探讨了与"专业"相关的议题。这些论文的发表对于高职教育的发展和提升具有积极意义，为学界和从业人员提供了有价值的研究成果和经验分享。同时，本研究认为，及时通过官方网站更新新闻是一种非制度化的沟通方式，可以向广大教师传达已有的实践成果。

通过对"高水平"案例高职院校和一般案例高职院校的官方网站进行网络调查，我们发现相比于一般案例高职院校，"高水平"案例高职院校在新闻更新方面存在以下差异：

首先,"高水平"高职院校的新闻更新频率更高,且能够实现全校各学院的联动,实现全面同步更新的效果。其次,所更新的新闻内容密切结合时代和区域高职教育需求,具有引领全国高职教育改革的特点。这些新闻内容更为丰富、翔实,具有更高程度的异质性和原创性。最后,这些新闻能够简洁明了地反映出该高职院校办学的教育理念和特色,以独特的方式展示其教育成果和特色实践。

因此,通过官方网站及时更新新闻这种非制度化的沟通方式,能够有效地向广大教师传播已有的实践成果。它不仅能够提供及时的信息,还能够准确反映高职院校的办学特色和教育理念。这种沟通方式有助于促进高职院校之间的经验交流和借鉴,提升整体教育质量和水平。

第三节　政策生成生态系统期的高职院校校长领导建议

"领导"这个词具有名词和动词两种含义。作为名词,它指的是领导者,即在特定的结构中具有影响力的个人或集体,其在社会共同活动中通过有效的途径来动员下属实现群体目标。作为动词,"领导"则指在组织中通过何种途径调动下属的积极性,使他们全力以赴实现组织目标的过程。

领导的核心问题在于选择何种途径来调动下属的积极性,以实现组织目标的最大化。根据第三章关于高职教育元政策和基本政策演变规律的研究结论,我们可以看出在政策生态系统发展中,基于内涵建设的元政策和基本政策会由各部门联动设计和规划,而各项面向纲领性和概念性的政策实施细则则会由上至下逐级设计和制定。在这个过程中,有效的权变领导和管理是关键所在。我们可以优化高职院校的课程管理实践,在领导环节采取以下至少三种优化途径。

一、通过成为专家示范表率:意愿和意志

在高职课程管理实践中,校长扮演着示范表率的角色,通过个人言行

为广大普通教师树立榜样。领导者的示范作用并非固定不变,而是随着变化不断发展,并与广大教师的课程管理实践行为相互渗透、互相转化。然而,校长们对于示范表率的自律意愿以及长期保持表率行为的决心并未改变。

通过对"高水平"案例高职院校管理实践的研究,我们发现校长们在高职教育领域都具备专业知识。一些学校的校长在"高职课程"方面的研究具有较大的影响力,其研究具备一定的系统性和引领性。甚至某学校校长的论文发表量在全国高职院校中位居第一,其管理的学校在 CNKI 的 CSSCI 来源期刊数据库上论文发表比例居于第一,而且在高等教育类 14 种核心期刊上的发表论文数量连续 12 年保持高职类专科院校全国第一。

有些校长的研究关注高职教育的本地特色,即高职教育适应性。在历任校长的示范领导下,某"高水平"案例高职院校坚定贯彻落实《方案》(国发〔2019〕4 号),突出了新职教类型特色、建设高水平职业院校、培养新时代工匠人才、服务高质量经济发展等方面,在立足区域经济发展战略的指导下,积极推进"双高计划"和"提质培优行三年计划"建设任务。该校不断抓住机遇,促成教育部和省政府共同签署了《协同推进温台职业教育高地建设框架协议》和《关于推进职业教育与民营经济融合发展助力"活力文台"建设的意见》(浙政函〔2020〕136 号)。通过国家、省、市三级的推动,共同打造温台职教创新高地。这是具有明显地方特色的建设成果。

作为领导者,校长在高职院校的课程管理实践工作中,通过勤勉的态度和精益求精的作风,展现出对于组织实现课程管理目标的影响力和表率作用,这种领导方式十分有效。

二、提升课程管理质量的助推力:内驱、生态和保障

要通过激励管理,激发广大教师的内驱力,发挥管理的助推作用。教职工与领导的地位、观点、价值观等存在差异,而激励能引导广大教职工的行为,使其认同组织的目标和价值观,并使个人目标与组织目标相容、一致。

　　系统化的激励管理可以建立激励生态。通过设置充裕的项目基金和对基金项目的管理，来引导规范广大教职工的课程实践管理实践，是一种有效的途径。一方面，资金保障可以提供一种回报机制，使组织成员认可和接受组织目标，并将其个人目标与之协调一致，当项目提供充足的资金保障时，员工更有动力去追求组织设定的目标和完成工作任务。另一方面，资金保障对组织成员的行为起到一定的导向作用。当项目提供特定的资金保障，会引导组织成员关注和参与特定的工作活动或项目，从而激励员工投入更多时间和精力来实现组织的目标，促进工作的顺利进行。

　　通过对"高水平"案例高职院校的分析发现，这些学校为教师配置充足的基金项目和充裕的资金管理课程实践，广大教师申请项目并立项后，可以得到丰厚的课程管理实践活动资金并进行自主配置使用。开展对这些项目的启动管理、过程管理和结果管理，不仅可以引导项目研究匹配学院工作的愿景，规范研究主题的边界，还可以对高职课程管理实践的创新性和多样性提出要求，增加挑战度。通过过程管理，可以明确项目资金的使用边界，专款专用，也可以调控项目开展的进度，及时发现项目实施过程中出现的问题，从而开展支持性的权变管理工作。而对项目结果进行管理，设立了项目结题的门槛，提高了付出项目资金的"高水平"成果回报率，也提高了项目完成人的成功满足感，增添了教改自信。

　　这样的项目管理不仅能够在实践中引导广大教职工的行为，也有助于建立良好的政策生态。在项目管理中，学校可以制定明确的规章制度和评价标准，为教师们提供具体可行的目标，也可以明确教师的权利与义务，使得学校的课程管理总愿景能够细分为每个课程管理项目的小目标。广大教职工可以从自身岗位出发，在具体的管理实践中，认同组织的目标和价值观，从而在全校范围内，使个人目标同学校大工作愿景框架相容、一致，达成高职学校课程管理的大目标。

　　此外，制度保障可以促进课程管理有效实施，提高管理效果和质量。高校可以通过建立规范的项目立项审批机制、资金使用管理制度等制度，对教育教学、科研成果转化等方面进行规范管理，保证资源合理配置和高效利用。这些制度保障措施不仅有助于提升高校的管理水平和服务质量，也有利于形成提升课程管理质量的政策生态。

三、优化课程管理的外部环境：创新、谋划和协调

通过协调与反作用推动高职教育与教育政策的互动可以优化课程管理外部环境。

高职教育的环境与高职院校之间存在制约与被制约、作用与反作用的辩证关系。教育政策对学校有重要的影响和制约，而学校也可以通过反作用对教育政策产生一定的影响和变化。以"'活力温台'建设"为例，这一成功案例展示了学校与教育部、浙江省合作推动职业教育改革并建设职教创新高地的经验。

在这一过程中，学校领导者的协调能力起着重要作用。当领导者善于与外部协调关系，并巧妙地借助外部资源力量促进学校发展时，学校不仅可能实现超常规发展，而且学校人员也将获得更多的成长机会。领导协调的根本目的在于提高学校的整体效能，以高效率实现领导目标。

参考文献

Baron，R. M. & Kenny，D. A. The moderator-mediator variable distinction in social psychological research：Conceptual，strategic，and statistical considerations ［J］. *Journal of Personality and Social Psychology*，1986，51(6)：1173-1182.

Bobbitt，J. F. *The Curriculum* ［M］. New York：Houghton Mifflin，1918.

Boland，L. A. Knowledge and the role of institutions in economic theory ［J］. *Journal of Economic Issues*，1979，13(4)：957-972.

Boyatzis，R. E. *The Competent Manager：A Model for Effective Performance*［M］. New York：John Wiley and Sons，Inc. ，1982.

Callon，M. ，Law，J. & Rip，A. *Mapping the Dynamics of Science and Technology：Sociology of Science in the Real World* ［M］. Basingstoke：The Macmillan Press，1986：815.

Delery，J. E. & Roumpi，D. Strategic human resource management，human capital and competitive advantage：Is the field going in circles? ［J］. *Human Resource Management Journal*，2017，27(1)：1-21.

Duffin，E. *Community Colleges in the United States：Statistics & Facts* ［EB/OL］. (2023-06-02) ［2023-08-10］. https://www. statista. com/topics/3468/community-colleges-in-the-united-states/♯topicOverview.

Durkheim，E. *The Rules of Sociological Method and Selected Texts on*

Sociology and Its Methods[M]. New York：Free Press，1982.

Eisenhardt，K. M. Building theories from case study research [J]. *Academy of Management Review*，1989，14(4)：532-550.

Fayol，H. *General and Industrial Management*[M]. [S. l.]：Martino Publishing，2013：7.

Feldman，R. & Dagan，I. Knowledge discovery in textual databases （KDT）[C]. In *Proceedings of the Workshop in Knoeledge Discovery*，ECML-95. Montreal，1995：112-117.

Fiedler，F. E. *A Theory of Leadership Effectiveness*[M]. New York：McGraw-Hill，1967.

Fiedler，F. E. Validation and extension of the contingency model of leadership effectiveness：A review of empirical findings [J]. *Psychological Bulletin*，1971，76(11)：128-148.

Frederick，A. *The Road to Serfdom*[M]. Chicago：The University of Chicago Press，1967.

Glaser，B. G. & Strauss，A. *The Discovery of Grounded Theory：Strategies for Qualitative Research*[M]. Chicago：Aldine，1967.

Goodlad，J. I. *Curriculum Inquiry：The Study of Curriculum Practice* [M]. New York：McGraw Hill，1979：344-350.

Hallpike，C. R. *The Principles of Social Evolution* [M]. Oxford：Clarendon Press，1986.

Hardin，R. *One for All：The Logic of Group Conflict*[M]. Princeton：Princeton University Press，1997.

Haveman，H. A. & Hayagreeva，R. Structuring a theory of moral sentiments：Institutional and organizational co-evolution in the early thrift industry [J]. *American Journal of Sociology*，1997，102(6)：1606-1651.

House，R. J. A path goal theory of leader effectiveness [J]. *Administrative Science Quarterly*，1971，3(2)：321-339.

House, R. J. & Mitchell, T. R. Path-goal theory of leadership [J]. *Journal of Contemporary Business*, 1974(8): 81-97.

Justicia de la Torre, C., Sanchez, D. & Blanco, I. et al. Text mining: Techniques, applications, and challenges [J]. *International Journal of Uncertainty, Fuzziness and Knowledge-Based Systems*, 2018, 26: 553-582.

Kayser, V. & Blind, K. Extending the knowledge base of foresight: The contribution of text mining [J]. *Technological Forecasting and Social Change*, 2017, 116: 208-215.

Kleinberg, J. Bursty and hierarchical structure in streams [C]. In *Proceedings of the 8th ACM SIGKDD International Conference on Knowledge Discovery and Data Mining*. Edmonton, Canada: ACM Press, 2002: 91-101.

Kleinberg. J. Bursty and hierarchical structure in streams [J]. *Data Mining and Knowledge Discoverry*, 2003(4): 373-397.

Kobayashi, V. B., Mol, S. T. & Berkers, H. A. et al. Text mining in organizational research [J]. *Organizational Research Methods*, 2018, 21: 68-74.

Kuhn, T. *The Structure of Scientific Revolutions* [M]. Chicago: The University of Chicago Press, 1962.

Lawrence, P. R. & Lorsch, J. W. Differentiation and integration in complex organizations [J]. *Administrative Science Quarterly*, 1967, 12(6): 1-47.

Lorsch, J. W. & Morse, J. *Organizations and Their Members: A Contingency Approach* [M]. New York: Harper & Row, 1974.

Luthans, F. The contingency theory of management: A path out of the jungle [J]. *Business Horizons*, 1973, 16(3): 67-73.

Luthans, F. *Introduction to Management: A Contingency Approach* [M]. New York: McGraw-Hill Book Company, 1976.

McClelland，D. C. Testing for competence rather than for intelligence [J]. *American Psychologist*，1973，28：1-14.

Merton，R. K.，Fiske，M. & Kendall，P. L. *The Focused Interview：A Manual of Problems and Procedures* [M]. New York：Free Press，1990：23.

Miles，R. E. & Snow，C. C. Designing strategic human resources systems [J]. *Organizational Dynamics*，1984，13(1)：36-52.

Morse，J. & Jay，W. L. Beyond Theory Y [J]. *Harvard Business Review*，1970，5(6)：34-42.

Nelson，R. R. & Sampat，B. N. Making sense of institutions as a factor shaping economic performance [J]. *Journal of Economic Behavior and Organization*，2001，44(1)：31-54.

Spencer，L. M. & Spencer，S. M. *Competence at Work：Models for Superior Performance*[M]. New York：John Wiley and Sons，Inc.，1993.

Tannenbaum，R. & Schmidt，W. H. *How to Choose a Leadership Pattern*[EB/OL].（1973-05-01）[2023-01-10]. https：//hbr. org/1973/05/how-to-choose-a-leadership-pattern.

Trist，E. L. & Bamforth，K. W. Some social and psychological consequences of the longwall method of coal-getting [J]. *Human Relations*，1951，4(1)：3-38.

Tyler，R. W. *Basic Principles of Curriculum and Instruction* [M]. Chicago：University of Chicago Press，1949.

UNESCO. *International Standard Classification of Education*，ISCED 2011[EB/OL].（2021-03-13）[2023-01-10]. http：//uis. unesco. org/sites/default/files/documents/international-standard-classification-of-education-isced-2011-en. pdf.

Woodruffe，C. Competent by any other name [J]. *Personnel Management*，1991，23：30-33.

Woodward，J. *Industrial Organization*：*Theory and Practice* ［M］. Oxford：Oxford University Press，1965：27-30.

Wright，P. M.，McMahan，G. C. & McWilliams A. Human resources and sustained competitive advantage：A resource-based perspective ［J］. *International Journal of Human Resource Management*，1994，5(2)：301-326

Yin，R. K. Case Study Research and Applications：Design and Methods ［M］. ［S. l.］：Sage Publications，2017.

百度文库. 2020 年全国职业院校技能大赛教学能力比赛方案评审指标 ［EB/OL］.（2020-10-29）［2021-03-30］. https://wenku. baidu. com/ view/255fe5ba4935eefdc8d376eeaeaad1f34793117c. html.

陈超美,陈悦,侯剑华,等. CiteSpace II：科学文献中新趋势与新动态的识别与可视化[J]. 情报学报,2009,28(3)：201-421.

陈超美. CiteSpace 中的 Burst Detection[J/OL].（2012-05-03）［2021-03-30］. http://blog. sciencenet. cn/blog-496649-566289. html.

陈蓉. 全国职业大学思想教育协作会议简述[J]. 广州大学学报（文理工综合版）,1988(1)：13-14.

陈雁. 简论高职院校课程管理[J]. 教育与职业,2008,35：124-126.

陈至立. 辞海[M]. 上海:上海辞书出版社,2019.

程荣福. 高等职业教育教材改革与建设[J]. 职业技术教育,2001,22(10)：25-26.

戴学咸. 高等职业教育课程观与课程开发向度研究[J]. 职业技术教育,2003,24(7)：42-45.

丁金昌,童卫军,黄兆信. 高职校企合作运行机制的创新[J]. 教育发展研究,2008(17)：67-70.

丁金昌,童卫军. "三个合一"校内实训基地培养高技能人才的研究与实践[J]. 中国大学教学,2008(1)：78-80.

丁金昌,童卫军. 关于高职教育推进"校企合作、工学结合"的再认识[J]. 高等教育研究,2008(6)：49-55.

丁金昌，童卫军. 校内生产性实训基地建设的探索[J]. 中国高教研究，2008(2)：57-58.

丁金昌. 基于"三性"的高等职业教育可持续发展研究与实践[J]. 高等教育研究，2010，31(6)：72-77.

丁金昌. 关于高职教育体现"高教性"的研究与实践[J]. 教育研究，2011，32(6)：68-72.

丁金昌. 我国中等和高等职业教育协调发展的探索[J]. 中国高教研究，2012(2)：86-88.

丁金昌. 基于产学研结合的高职教育办学模式探索[J]. 高等工程教育研究，2012(4)：114-120.

丁金昌. 高职院校"三能"师资队伍建设的思考与实践[J]. 中国高教研究，2012(7)：90-92.

丁金昌. 高职教育对接区域经济的现状分析与路径选择[J]. 高等教育研究，2013，34(3)：61-66.

丁金昌. 高职院校需求导向问题和改革路径[J]. 教育研究，2014，35(3)：122-126.

丁金昌. 实践导向的高职教育课程改革与创新[J]. 高等工程教育研究，2015(1)：119-124.

方展画. 再论高等教育的产业属性——兼论高等教育大众化的发展途径[J]. 教育研究，2003(12)：9-14.

国务院新闻办. 国新办举行落实五中全会精神壮大高技能人才队伍发布会图文实录[EB/OL]. (2020-12-18) [2023-06-16]. http://www.scio.gov.cn/xwfb/gwyxwbgsxwfbh/wqfbh_2284/2020n_4408/2020n12y18r/twzb_5715/202207/t20220716_230422.html.

韩清林. 教育政策的若干理论与实践问题[J]. 当代教育科学，2003(17)：3-6，9.

郝超，蒋庆斌. 试论高职教育项目课程的基本内涵[J]. 中国高教研究，2007(7)：59-60.

郝超，蒋庆斌. 高职教育项目课程的开发原则与开发方法[J]. 中国职业技术教育，2008(4)：36-39.

黄静潇,李映强,张岐. 从课程管理到课程领导:高职教育课程改革探析
　　[J]. 广东技术师范学院学报，2009(4)：110-111.

黄克孝. 构建高等职业教育课程体系的理论思考[J]. 职业技术教育，
　　2004，25(7)：42-45.

姜大源. 论高职教育工作过程系统化课程开发[J]. 徐州建筑职业技术学
　　院学报，2010，10(1)：1-6.

姜文宏. 高职酒店管理与服务专业 CBE 模式课程体系探索[J]. 丹东师专
　　学报，2000(1)：78-80.

教育部,财政部. 关于公布中国特色高水平高职学校和专业建设计划建设
　　单位名单的通知[EB/OL]. (2019-12-13)[2021-03-30]. http：//www.
　　moe. gov. cn/srcsite/A07/moe_737/s3876_qt/201912/t20191213_411947.
　　html.

教育部. 教育部举行教育 2020"收官"系列新闻发布会(第三场)[EB/OL].
　　(2020-12-08) [2023-06-30]. http：//www. scio. gov. cn/xwfb/bwxwf
　　b/gbwfbh/jyb/202207/t20220716_230061. html.

教育部. 教育部办公厅关于公布 2020 年全国职业院校技能大赛教学能力
　　比赛获奖名单的通知[A/OL]. (2021-01-28) [2021-03-30]. http：//
　　www. moe. gov. cn/srcsite/A07/zcs_yxds/s3069/202102/t20210203_
　　512360. html.

金盛. 涨落中的协同:中高职衔接一体化教育模式研究[D]. 重庆:西南大
　　学，2013.

孔茨,奥唐奈,韦里克. 管理学[M]. 黄砥石,陶文达,译. 北京:中国社会科
　　学出版社，1987：58.

雷正光. 高职课程及其体系和目标研究[J]. 职教论坛，2005(18)：4-10.

李克强. 政府工作报告[EB/OL]. (2020-05-29) [2023-06-30]. http：//
　　www. gov. cn/gongbao/content/2020/content_5517495. htm.

李利平. 高职教育专业教学资源库建设的改革思考[J]. 中国高教研究，
　　2011(6)：90-91.

李斯伟,曹向东,邓毅华. 民航高职高专信息管理专业课程设置与课程模式的构建[J]. 中国民航学院学报,2000(5):38-41.

李艳,张慕华. 高校学生慕课和翻转课堂体验实证研究——基于231条在线学习日志分析[J]. 现代远程教育研究,2015(5):73-84,93.

刘正伟. 论学科教学论的范式转换[J]. 教育研究,2005(3):58-62.

陆雄文. 管理学大辞典[M]. 上海:上海辞书出版社,2013.

路海萍. 课程项目化:高职院校课程改革走向的选择[J]. 大学(学术版),2009(3):31-36.

吕红. 澳大利亚职业教育课程质量保障的研究[D]. 重庆:西南大学,2009.

吕鑫祥. 高职课程开发中的若干理论问题探讨[J]. 宁波职业技术学院学报,2002(3):1-3.

马仁杰,王荣科,左雪梅. 管理学原理[M]. 北京:人民邮电出版社,2013.

梅伟惠,徐小洲. 中国高校创业教育的发展难题与策略[J]. 教育研究,2009,30(4):67-72.

人民网. 推进职业教育高质量发展(人民时评)[EB/OL]. (2021-02-26)[2023-08-11]. https://baijiahao.baidu.com/s?id=1692708168402501410&wfr=spider&for=pc.

任平,陈文香. 中高职课程和谐衔接的问题与建议[J]. 职业技术教育,2010,31(25):56-59.

沈祖义,方遇顺,赵人骅. 高职教育设置专业和制订教学计划的原则[J]. 成人教育,1989(1):20-22.

盛群力. 旨在培养解决问题的高层次能力——马扎诺认知目标分类学详解[J]. 开放教育研究,2008(2):10-21.

施良方. 课程理论——课程的基础、原理与问题[M]. 北京:教育科学出版社,1996:3-7.

石伟平,徐国庆. 论高等职业教育课程的国际比较[J]. 职教论坛,2001(10):10-12.

石伟平,徐国庆. 职业教育课程开发技术[M]. 上海:上海教育出版社,2004.

眭依凡. 素质教育:高校人才培养体系的重构[J]. 中国高等教育,2010
(9):10-13.

孙绵涛. 教学政策学[M]. 武汉:武汉工业大学出版社,1997.

孙绵涛. 教育政策论——具有中国特色的社会主义教育政策研究[M]. 武
汉:华中师范大学出版社,2002.

谭强. 基于现代职业教育体系的中高职课程衔接研究[D]. 重庆:西南大
学,2016.

唐世平. 制度变迁的广义理论[M]. 北京:北京大学出版社,2016:59.

田正平,张彬. 模式的转换与传统的调适——关于中国高等教育现代化的
两点思考[J]. 高等教育研究,2001(2):94-101.

王玉扩,陈庆合,李会增. 高职院校体育课程教学改革与发展研究[J]. 北
京体育大学学报,2005(7):960-961,964.

王振洪,成军. 现代学徒制:高技能人才培养新范式[J]. 中国高教研究,
2012(8):93-96.

魏晓俊. 基于科技文献中词语的科技发展监测方法研究[J]. 情报杂志,
2007,26(3):34-36.

翁惠根,庞正志. 高等职业院校职业实用性体育课程的整体设计[J]. 黑龙
江高教研究,2008(8):134-137.

邬大光. 高等教育大众化理论的内涵与价值——与马丁·特罗教授的对话
[J]. 高等教育研究,2003(6):6-9.

吴雪萍. 培养关键能力:世界职业教育的新热点[J]. 浙江大学学报(人文
社会科学版),2000(6):4.

吴志宏,陈韶峰,汤林春. 教育政策与教育法规[M]. 上海:华东师范大学
出版社,2003.

吴志宏. 教育行政学[M]. 北京:人民教育出版社,2007.

伍醒,顾建民. "课程思政"理念的历史逻辑、制度诉求与行动路向[J]. 大
学教育科学,2019(3):54-60.

肖正德. 课程改革中的文化冲突与整合[J]. 教育研究,2008(4):69-73.

谢俊华. 高职院校现代学徒制人才培养模式探讨[J]. 职教论坛，2013
　　(16)：24-26.

新华社. 中共中央关于全面深化改革若干重大问题的决定[EB/OL].
　　(2013-11-15)[2023-08-11]. https://www.gov.cn/zhengce/2013-11/
　　15/content_5407874.htm.

新浪新闻. 什么是"慕课"[EB/OL]. (2013-07-19)[2021-03-30]. https://
　　news.sina.com.cn/o/2013-07-09/131927618337.shtml.

徐国庆. 实践导向职业教育课程研究[D]. 上海：华东师范大学，2004.

徐国庆. 高职项目课程的理论基础与设计[J]. 江苏高教，2006(6)：
　　137-140.

徐国庆,石伟平. 中高职衔接的课程论研究[J]. 教育研究，2012,33(5)：
　　69-73,78.

徐理勤,顾建民. 应用型本科人才培养模式及其运行条件探讨[J]. 高教探
　　索，2007(2):57-60.

荀莉. 中高职课程衔接研究现状综述[J]. 职教论坛，2012(13)：47-52.

严强. 公共政策知识场域论略[J]. 求索，2002(6)：64-66.

阎亚军,周谷平. 对课程改革的若干思考[J]. 教育研究，2008(1)：30-34.

央广网. 教育部：一线新增从业人员70%以上来自职业院校毕业生[EB/
　　OL]. (2020-12-28)[2021-03-30]. http://m.cnr.cn/chanjing/edu/
　　20201208/t20201208_525356295.html.

杨洁. 高职院校"双师型"教师课程领导的探索与思考[J]. 浙江师范大学
　　学报(社会科学版)，2009,34(3)：70-73.

姚炜. 权变管理理论研究[D]. 苏州：苏州大学，2003.

叶映华. 大学生创业意向影响因素研究[J]. 教育研究，2009,30(4)：
　　73-77.

袁振国. 走向政策研究[J]. 华东师范大学学报(哲学社会科学版). 1998
　　(3)：15-16,42.

张爱芹. 主体性视角下高职院校课程管理研究[D]. 上海：华东师范大
　　学，2010.

178

张芳全. 教育政策导论[M]. 台北：五南图书出版公司，2009.

张华. 课程与教学论[M]. 上海：上海教育出版社，2000：67-68.

张华. 论核心素养的内涵[J]. 全球教育展望，2016，45(1)：10-24.

张晋. 高等职业教育实践教学体系构建研究[D]. 上海：华东师范大学，2008.

张良. 职业素质本位的高职教育课程建构研究[D]. 长沙：湖南师范大学，2012.

张新平. 简论教育政策的本质、特点及功能[J]. 江西教育科研，1999(1)：37-42.

张瑜. 课程领导理念下高职院校校本课程开发研究——基于陕西省高职院校的调查[D]. 西安：陕西师范大学，2009.

赵居礼，王艳芳. 完善高职教材体系建设的基本思路[J]. 职业技术教育，2003，24(10)：42-45.

赵志群. 职业教育工学结合一体化课程开发指南[M]. 北京：清华大学出版社，2009：27.

知行网. 什么是微课程、微学习、微内容？[EB/OL]. (2011-12-19) [2021-03-30]. http://www.zhixing123.cn/shijian/microlecture-microlearning-microcontent.html.

中国高职高专教育网. 教育部宣布18条"与就业挂钩"规定[EB/OL]. (2003-11-12) [2021-03-30]. https://www.tech.net.cn/news/show-73534.html.

中国高职高专教育网. 教育部：今年高校毕业生就业率达70%[EB/OL]. (2003-11-20) [2021-03-30]. https://www.tech.net.cn/news/show-73533.html.

中国高职高专教育网. 55%的就业率说明了什么？[EB/OL]. (2003-11-25) [2021-03-30]. https://www.tech.net.cn/news/show-73545.html.

中国社会科学院语言研究所词典编辑室. 现代汉语小词典[M]. 北京：商务印书馆，2005.

中国社会科学院语言研究所词典编辑室. 现代汉语词典[M]. 7版. 北京：

商务印书馆，2016.

中国西藏网. 推进职业教育高质量发展（人民时评）[EB/OL]. （2021-02-26）[2021-03-30]. http://www. tibet. cn/cn/Instant/municipal/202102/t20210226_6961665. html.

中华人民共和国中央人民政府网.《中共中央关于制定国民经济和社会发展第十四个五年规划和二〇三五年远景目标的建议》[A/OL]. （2020-11-03）[2021-03-30]. http://www. gov. cn/zhengce/2020-11/03/content_5556991. htm.

中华人民共和国中央人民政府网. 我国技能劳动者已超 2 亿人 高技能人才超过 5000 万人[EB/OL]. （2020-12-19）[2021-03-30]. http://www. gov. cn/xinwen/2020-12/19/content_5571098. htm.

钟启泉. 课程的概念[J]. 外国教育资料，1988(4)：43-46.

钟启泉. 从"行政权威"走向"专业权威"——"课程领导"的困惑与课题[J]. 教育发展研究，2006(7)：1-7.

钟启泉，张文军，王艳玲. 教师教育课程标准的国际比较研究[J]. 全球教育展望，2008(9)：25-36.

附　录　本研究视域政策

1. 《国务院关于大力发展职业教育的决定》(国发〔2005〕35 号)
2. 《中华人民共和国国民经济和社会发展第十一个五年规划纲要》(2006年 3 月 14 日第十届全国人民代表大会第四次会议批准)
3. 《全面提高高等职业教育教学质量的若干意见》(教高〔2006〕16 号)
4. 《国家示范性高等职业院校建设计划管理暂行办法》(教高〔2007〕12 号)
5. 《高等职业院校人才培养工作评估方案》的通知(教高〔2008〕5 号)
6. 《关于充分发挥行业指导作用推进职业教育改革发展的意见》(教职成〔2011〕6 号)
7. 《关于支持高等职业教育提升专业服务产业发展能力的通知》(教职成〔2011〕11 号)
8. 《关于实施职业院校教师素质提高计划的意见》(教职成〔2011〕14 号)
9. 《关于进一步完善职业教育教师培养培训制度的意见》(教职成〔2011〕16 号)
10. 《职业学校兼职教师管理办法》(教师〔2012〕14 号)
11. 《关于加强教师队伍建设的意见》(国发〔2012〕41 号)
12. 《现代职业教育体系建设规划(2014—2020 年)》(教发〔2014〕6 号)
13. 《关于开展现代学徒制试点工作的意见》(教职成〔2014〕9 号)
14. 《关于加快发展现代职业教育的决定》(国发〔2014〕19 号)
15. 《职业院校数字校园建设规范》(教职成函〔2015〕1 号)
16. 《关于深入推进教育管办评分离促进政府职能转变的若干意见》(教政法〔2015〕5 号)

17.《关于深化职业教育教学改革全面提高人才培养质量的若干意见》（教职成〔2015〕6 号）

18.《职业院校管理水平提升行动计划（2015—2018 年）》（教职成〔2015〕7 号）

19.《关于进一步做好新形势下就业创业工作的意见》（国发〔2015〕23 号）

20.《关于公布首批现代学徒制试点单位的通知》（教职成厅函〔2015〕29 号）

21.《关于大力推进大众创业万众创新若干政策措施的意见》（国发〔2015〕32 号）

22.《关于深化高等学校创新创业教育改革的实施意见》（国办发〔2015〕36 号）

23.《关于加快构建大众创业万众创新支撑平台的指导意见》（国发〔2015〕53 号）

24.《教育信息化"十三五"规划》（教技〔2016〕2 号）

25.《职业学校教师企业实践规定》的通知（教师〔2016〕3 号）

26.《关于进一步推进职业教育信息化发展的指导意见》（教职成〔2017〕4 号）

27.《关于深化高等教育领域简政放权放管结合优化服务改革的若干意见》（教政法〔2017〕7 号）

28.《关于公布第二批现代学徒制试点和第一批试点年度检查结果的通知》（教职成厅函〔2017〕35 号）

29.《关于强化实施创新驱动发展战略进一步推进大众创业万众创新深入发展的意见》（国发〔2017〕37 号）

30.《关于深化产教融合的若干意见》（国办发〔2017〕95 号）

31.《中国工程院关于加快建设发展新工科，实施卓越工程师教育培养计划 2.0 的意见》（教高〔2018〕3 号）

32.《教育信息化 2.0 行动计划》（教技〔2018〕6 号）

33.《关于公布第三批现代学徒制试点单位的通知》（教职成厅函〔2018〕41 号）

34.《国务院办公厅关于进一步调整优化结构提高教育经费使用效益的意见》（国办发〔2018〕82 号）

35.《国家职业教育改革实施方案》（国发〔2019〕4 号）

36.《全国职业院校教师教学创新团队建设方案》（教师函〔2019〕4 号）

37.《职业院校全面开展职业培训促进就业创业行动计划》（教职成厅〔2019〕5 号）

38.《深化新时代职业教育"双师型"教师队伍建设改革实施方案》（教师〔2019〕6 号）

39.《关于公布首批国家级职业教育教师教学创新团队立项建设单位和培育建设单位名单的通知》（教师函〔2019〕7 号）

40.《关于公布首批全国职业教育教师企业实践基地名单的通知》（教师函〔2019〕9 号）

41.《高职扩招专项工作实施方案》的通知（教职成〔2019〕12 号）

42.《关于全面推进现代学徒制工作的通知》（教职成厅函〔2019〕12 号）

43.《关于加快构建高校思想政治工作体系的意见》（教思政〔2020〕1 号）

44.《高等学校课程思政建设指导纲要》（教高〔2020〕3 号）

45.《职业院校数字校园规范》的通知（教职成函〔2020〕3 号）

46.《职业教育提质培优行动计划（2020—2023 年）》的通知（教职成〔2020〕7 号）

47.《关于落实在院校实施的职业技能等级证书考核成本上限设置方案及相关说明的通知》（教职成厅函〔2020〕11 号）

48.《现代产业学院建设指南（试行）》的通知（教高厅函〔2020〕16 号）

49.《本科层次职业教育专业设置管理办法（试行）》（教职成厅〔2021〕1 号）

50.《职业教育提质培优行动计划（2020—2023 年）》任务（项目）承接情况的通知（教职成司函〔2021〕1 号）

51.《职业教育专业目录（2021 年）》（教职成〔2021〕2 号）

52.《关于开展课程思政示范项目建设工作的通知》（教高厅函〔2021〕11 号）

53.《高等学校数字校园建设规范（试行）》的通知（教科信函〔2021〕14 号）

54.《国家中长期教育改革和发展规划纲要(2010—2020 年)》

55.《高等职业教育创新发展行动计划(2015—2018 年)》

56.《加快推进教育现代化实施方案(2018—2022 年)》

57.《中国教育现代化 2035》

58.《关于深化新时代学校思想政治理论课改革创新的若干意见》

59.《关于在院校实施"学历证书＋若干职业技能等级证书"制度试点方案》

60.《中共中央关于全面深化改革若干重大问题的决定》

61.《中共中央　国务院关于全面深化新时代教师队伍建设改革的意见》